人邮体育　青少年身体训练动作指导丛书　中国青少

青少年身体训练动作手册

徒手训练

王雄　主编

人民邮电出版社

北　京

图书在版编目（CIP）数据

青少年身体训练动作手册. 徒手训练 / 王雄主编
. -- 北京：人民邮电出版社，2020.5
（青少年身体训练动作指导丛书）
ISBN 978-7-115-52007-4

Ⅰ. ①青… Ⅱ. ①王… Ⅲ. ①青少年－身体训练－手
册 Ⅳ. ①G808.17-62

中国版本图书馆CIP数据核字(2019)第197284号

免责声明

本书内容旨在为大众提供有用的信息。所有材料（包括文本、图形和图像）仅供参考，不能用于对
特定疾病或症状的医疗诊断、建议或治疗。所有读者在针对任何一般性或特定的健康问题开始某项
锻炼之前，均应向专业的医疗保健机构或医生进行咨询。作者和出版商都已尽可能确保本书技术上
的准确性以及合理性，且并不特别推崇任何治疗方法、方案、建议或本书中的其他信息，并特别声
明，不会承担由于使用本出版物中的材料而遭受的任何损伤所直接或间接产生的与个人或团体相关
的一切责任、损失或风险。

内 容 提 要

"青少年身体训练动作指导丛书"共8册，是中国青少年体能训练师认证参考教材，并得到了
全国体育运动学校联合会的专业推荐。丛书由国家体育总局训练局体能训练中心创建人、负责人王
雄主编，并由多位国内青少年体能训练专家、体育教育专家和奥运冠军担任专家顾问，旨在帮助青
少年进行正确的动作练习，得到科学的锻炼指导。

本书首先介绍了徒手训练的定义及生理机制等基础知识，解析了徒手训练在青少年身体素质提
升锻炼中的运用优势。接着，本书采用真人示范、分步骤图解的形式，对超过150种动作练习的执
行步骤、训练部位、主要肌肉、训练板块和训练目标等内容进行了讲解。最后，本书提供了针对不
同训练需求的18个训练方案，旨在帮助青少年有效提升体能。

◆ 主　编　王　雄
　　责任编辑　刘　蕊
　　责任印制　周昇亮

◆ 人民邮电出版社出版发行　　北京市丰台区成寿寺路 11 号
　　邮编 100164　电子邮件 315@ptpress.com.cn
　　网址 http://www.ptpress.com.cn
　　固安县铭成印刷有限公司印刷

◆ 开本：700×1000　1/16
　　印张：14.75　　　　　　　　　2020 年 5 月第 1 版
　　字数：211 千字　　　　　　　 2025 年 5 月河北第 13 次印刷

定价：68.00 元

读者服务热线：(010)81055296　印装质量热线：(010)81055316
反盗版热线：(010)81055315

编委会

主编：王 雄

编委：沈兆喆 刘 蕊 林振英 陈 洋 崔雪原 赵 芮 付子艺 王晓斐
　　　张可盈 高延松 苗 宇 刘 也 朱昌宇

专家顾问成员：

孙文新——全国体育运动学校联合会教育发展委员会主任、幼儿体育分会会长，国家体育总局教练员学院教练员培训部原部长，研究员

张 冰——清华大学体育与健康科学研究中心主任，教授，博士生导师

闫 琪——国家体育总局体育科学研究所研究员，奥运金牌运动员体能教练

李丹阳——中国体育科学学会体能训练分会秘书长，武汉体育学院体能中心主任

张欣欣——北京市史家胡同小学副校长，高级体育教师，国培计划小学体育骨干教师培训指导教师

赫忠慧——北京大学体育与健康研究中心主任、教授，《国家学生体质健康标准》研究组成员，北京体能训练协会副会长兼秘书长

徐建方——国家体育总局体育科学研究所科学健身与健康促进研究中心主任，研究员

史东林——河北体育学院副院长，博士，中国体育科学学会体能训练分会常委

惠若琪——女排奥运冠军，惠基金发起人，元气排球发起人

范忆琳——体操世界冠军，范忆琳体操俱乐部创建人

冯 娟——国家体育总局训练局青少年俱乐部田径、体能训练专家，高级教练

尹晓峰——上海体育科学研究所信息研究中心主任，副研究员，上海市青少年体育协会体适能分会副秘书长

姜天赐——中国儿童中心教育活动部副部长，儿童体育兴趣培养专家

彭庆文——湖南怀化学院体育与健康学院院长，教授，幼儿体育研究专家

杨晓生——华南师范大学体育科学学院原党委书记，体育人文社会学教授

黄 波——华南师范大学体育科学学院副院长，教授，广东省学生体育艺术联合会游泳分会秘书长

唐 芬——广州市黄边小学校长，党支部书记，小学体育高级教师

吕 棣——北京市光明小学体育组组长，小学体育高级教师

张 旎——北京市十一中学一级体育教师，艺术体操国家一级运动员

彭劲枫——深圳市教育督学，深圳市福田区上步小学教科室主任

杨 斌——卡玛效能运动科技创始人，首席技术官，健身专家

谭廷信——"惠运动"智慧校园数字体育平台发起人

吴 东——北京能量学院儿童体能培训机构创始人、首席技术官

刘 派——优思搏体育创始人，儿童教研专家

Randy Huntington——美国著名田径教练，现中国国家田径队苏炳添、陆敏佳等队员主教练

Ken Vick——美国VSP运动表现机构首席专家，美国青少年Spark课程项目技术顾问

致　谢

感谢为本丛书的出版做出积极贡献的强大的顾问团队，他们当中有拥有多年教龄的中小学体育教师，也有在一线执教多年的知名教练，还有幼儿体育、儿童兴趣活动、儿童教育实践、体质促进研究、青少年体能训练、青少年运动员科学训练和健身健康等领域的专家学者，他们代表了国内儿童和青少年身体训练领域的领先力量，也感谢其他国内同仁对这个领域的研究和实践所做的贡献。感谢人民邮电出版社有限公司对儿童和青少年体育领域的全力支持，感谢灌木拍摄团队的精心准备和辛勤付出，感谢本书的编委团队，我们一直在努力做好每一处细节，力争给大家提供一份可参考的材料。大家一起努力共同推进国内儿童和青少年训练领域的健康发展。

本丛书尚存在诸多不足之处，但这套1.0版本仅仅是开始，未来我们将会吸收更多的内容、理念，在细节上持续打磨和完善。此外，早在2013年我查阅市面上的儿童青少年体能训练资料的时候，就发现相关方面的研究资料及参考书极其有限，作为专业人员必须拥有的使命感促使我下决心编写一套能为儿童和青少年体育活动实践者提供帮助的材料，现在既然已经开始，我就会继续下去、不断升级，逐步打造出一系列科学、全面、实用的儿童和青少年身体训练动作指导手册！恳请所有读者向我们提出宝贵的建议！

科学发展观，少年中国梦。期待本丛书能够为国内儿童和青少年的身体训练发展带来一些促进和益处，让孩子提升生命质量，形成终身运动的好习惯，实现我们的共同目标："一切为了孩子，为了孩子的一切，为了一切孩子！"

丛书推荐序

2019年9月2日，国务院印发了《体育强国建设纲要》（以下简称《纲要》），体育强国梦有了明确的时间表和路线图。这份激动人心的体育强国建设规划从多个层次对青少年体育发展进行了清晰的表述，指出要充分发挥体育在建设社会主义现代化强国新征程中的作用。而儿童青少年体育乃是发展之本，国运兴需要体育兴，少年强才能国强。

这份一直规划到2050年的《纲要》在其"战略目标"中提到："青少年体育服务体系更加健全，身体素养显著提升，健康状况明显改善"。在其"战略任务"中提到："将促进青少年提高身体素养和养成健康生活方式作为学校体育教育的重要内容，把学生体质健康水平纳入政府、教育行政部门、学校的考核体系，全面实施青少年体育活动促进计划"。在《纲要》的解读中，进一步提到了"青少年体育发展促进工程"，将要："构建社会化、网络化的青少年体育冬夏令营体系，开展青少年体育技能培训，使青少年掌握2项以上运动技能；丰富青少年体育赛事活动，形成一批具有较大影响的社会精品赛事活动；构建青少年体育社会组织管理和支持体系，促进青少年体育俱乐部、青少年户外体育活动营地等发展。实施青少年体育拔尖人才建设工程，推动体校特色运动队、俱乐部运动队、大中小学运动队及俱乐部建设。进一步发挥体校和社会俱乐部培养竞技体育后备人才的优势。落实教练员培养规划，实施教练员轮训，提高青少年体育教练员水平"。《纲要》将在接下来的时间里，进一步引领我们的青少年体育事业的发展。

我在体育行业工作四十五年，工作方向从全民健身到竞技体育再到青少年体育，现所在的全国体育运动学校联合会的主要工作宗旨是：团结和推动全国各级各类体育运动学校、青少年体育俱乐部等会员单位的建设与发展，为提高青少年身体素质、培养输送高水平竞技体育后备人才和为社会培养合格的体育专业人才服务，努力为各类青少年体育组织提供一个发展和交流平台，推动中国儿童青少年体育事业发展，促进体育强国和健康中国建设。对于儿童青少年的成长发展来说，体育运动在其中扮演着重要的角色。体育运动能够提升身体素质，促进身体健康和脑力发展，同时培养运动精神和团队精神，增强抗挫折能力和勇气，让每一个孩子能更好地成长为社会需要的人才。

由王雄老师主编的这两套丛书："儿童身体训练动作指导丛书"和"青少年身体训练动作指导丛书"，其编委会集合了行业内多位知名的专家顾问，包括儿童青少年领域的科研人员、资深中小学体育教师、一线执教的国家队体能教练和青少年俱乐部的儿童训练专家等，代表了国内儿童青少年身体训练领域的先进力量。丛书的内容体系完整，涵盖广泛，表述清晰，针对6~15岁的儿童和青少年。在目前国内中小学生的完整的身体训练体系还在摸索和构建的背景下，丛书为广大体育和教育领域的工作者，尤其是各级体校教练、小学体育教师以及青少年俱乐部教练提供了针对儿童和青少年体能教育的指导策略和教学模式参考，并帮助其设计适合不同发育水平孩子的身体训练计划，从而达到丰富体育课程内容、全面提升儿童青少年身体素质和健康水平的目标。丛书突出了儿童青少年训练的针对性、规范性和实效性，丰富了青少年运动训练的多样化方式，可作为广大家长、体育教师、教练员和体能训练师的参考用书。

在具体内容上，丛书根据不同年龄段儿童青少年的生理和心理发展特征，采用了适用于不同年龄段的身体训练动作和活动方式。例如在儿童徒手练习当中，涵盖了儿童肌肉力量、爆发力、协调性、速度、灵敏反应、柔韧性和能量代谢练习等多个素质类别，还包括大量的动作模式练习、双人配合练习、爬行练习和儿童瑜伽等丰富多彩的实践内容。在形式上，除了提供高质量的动作图片展示之外，还具备通过扫描二维码看视频的功能，可以让读者一目了然地全方位了解动作过程，帮助施教者提供更安全、更科学和更准确的体育教学。

科学发展观，少年中国梦。我仅代表全国体育运动学校联合会衷心将本套丛书推荐给所有儿童青少年的家长、学校体育教师、儿童和青少年身体训练研究人员、从事儿童和青少年体能教育培训的教练或技术人员、相关基层专业队以及青少年俱乐部队伍的教练员。希望丛书能为国内的儿童青少年提供更科学、更安全和更有趣味性的运动指导，帮助孩子们打下坚实的身体运动基础，掌握运动技能，提升运动表现，并享受运动带来的健康和乐趣。

职务：全国体育运动学校联合会教育发展委员会主任，研究员

原任：国家体育总局干部培训中心副主任，国家体育总局教练员学院教练员培训部部长，北京体育大学及河北师范大学的硕士、博士研究生导师

2019 年 10 月 25 日

丛书序

儿童和青少年是祖国的未来，民族的希望。强健儿童和青少年体魄，帮助下一代培养良好的生活习惯和运动精神，有利于其塑造正确的人生观和价值观。

在数字经济和人工智能飞速发展的大时代背景下，我们的身体依然停留在为运动而设计的远古时代。体育运动的意义不仅是闲暇时的消遣，还是人类平衡现代生活习惯和远古人体设定的最有效途径。体育运动对促进儿童和青少年身心的全面协调发展有着不可替代的重要作用，而儿童和青少年体育不仅是所有体育事业的基石，更是发挥教育功能和社会效益的重要工具。致力于发展儿童福利事业的宋庆龄曾呼吁——一切为了孩子，为了孩子的一切，为了一切孩子。这句话精辟凝练，含义深刻，是我们全社会践行儿童青少年体育工作的宗旨。

1. 政府重视，政策支持

青少年体质健康历来受到高度重视，习近平总书记在2014年8月15日看望南京青奥会中国体育代表团时强调，少年强、青年强则中国强。少年强、青年强是多方面的，既包括思想品德、学习成绩、创新能力和动手能力，也包括身体健康、体魄强壮和体育精神。此外，习近平总书记高度重视学校体育工作，在系列讲话中指出，身体是人生一切奋斗成功的本钱，少年儿童要注意加强体育锻炼，家庭、学校、社会都要为少年儿童增强体魄创造条件，让他们像小树那样健康成长，长大后成为建设祖国的栋梁之材。要从娃娃抓起，扎扎实实提高竞技体育水平，持之以恒开展群众体育，不断由体育大国向体育强国迈进。

为扭转当前学生体质健康状况持续下降的趋势，近年来，党中央和政府陆续发布了多项政策指令。2007年中共中央、国务院印发《关于加强青少年体育增强青少年体质的意见》（中发〔2007〕7号）；2012年国务院办公厅转发教育部等部门《关于进一步加强学校体育工作的若干意见》的通知（国办发〔2012〕53号）；2013年十八届三中全会通过的《中共中央关于全面深化改革若干重大问题的决定》明确提出"强化体育课和课外锻炼，促进青少年身心健康、体魄强健"的青少年体育工作目标；2016年国务院办公厅印发《关于强化学校体育促进学生身心健康全面发展的意见》（国办发〔2016〕27号），指出"以'天天锻炼、健康成长、终身受益'为目标,到2020年学生体育锻炼习惯基本养成,运动技能和体质健康水平明显提升,规则意识、合作精神和意志品质显著增强"。针对影响儿童青少年健康方面比较突出的近视问题,2018年8月30日,教育部、国家卫生健康委员会、国家体育总局等8部门联合印发《综合防控儿童青少年近视实施方案》,明确提出了2023年和2030年的近视防控目标。

2.社会关注,市场推动

体质健康水平关系到青少年的健康成长,关系到千家万户的幸福。近年来的全国学生体质健康调研结果显示,我国学生的平均身体素质和健康水平连续多年持续下降,学生体质健康方面存在着诸多令人担忧的严重问题。

一段时期以来,关于我国儿童和青少年体质水平连续下滑的报道不断:由于受到充斥着电子游戏和垃圾食品的生活环境,以及久坐少动的现代生活方式的影响,儿童和青少年的劳动及体力活动急剧减少;由于营养过剩,儿童和青少年肥胖率不断上升;由于学习负担过重,儿童和青少年缺乏足够的活动时间;由于体育课安排不足,儿童和青少年运动个性化、多样化和科学化不够……这些问题已引发社会各界的广泛关注。

为了解决这些问题,全国各地的学校都在不断尝试进行体育教学改革,同时各式儿童体能训练机构如雨后春笋般地在一些城市中快速涌现。然而,应该如何进行儿童和青少年身体训练,学校和家长应该如何配合,学校及儿童体能训练机构如何才能为孩子提供更科学、更安全、更方便、更有趣、无污染、有监控、个性化、有规划的体育课程或身体练习方案……针对以上问题,无论是理论研究还是实践指导,相比一些有长久积累和规模发展的国家,我国还处于起步阶段,需要虚心学习和研究借鉴。

除了学校,目前国内儿童青少年体育培训机构早已超过万家,专业的儿童体能训练机构的数量也在不断增加,不仅在一线城市形成了规模化发展,更在二线和三线、四线城市中迅速发展。即便如此,目前全国平均每2万名儿童青少年才对应一家专门的体育培训机构,远远无法满足实际需求。然而需求还在持续增长,中国新一代年轻父母在子女体育运动爱好培养及体能提升培训方面的投入不断增加,在家庭消费支出中占据重要比重。市场的巨大潜力推动了行业的发展,但与此同时也给行业带来发展中的挑战,我们需要避免急功近利导致的市场乱象，应当在标准化、规范化的运营管理和科学化、个性化的课程安排方面，尽力促进整个行业的健康发展。

3. 遵循科学，遵循规律

让运动成为孩子生活的一部分，让每个孩子都可以愉快地参与丰富多彩的体育活动，享受高质量的体育教育给身心带来的积极变化，从小树立良好的运动习惯和体育价值观是我们的目标。只有家庭、学校和社会共同发力，创造一个有利于儿童青少年身心发展的健康运动环境，才能帮助孩子们提升体质和强健体魄。而在儿童青少年的体育教学理念中，最重要的就是遵循孩子的身体的生理发展规律，也就是我们经常说的"敏感期"问题。

科学研究证明，在青少年生长发育的过程中，身体形态和机能发展不是均衡渐进的，并存在着"敏感期"。这种敏感期是指某种运动素质在儿童、青少年时期，在有机体自然生长发育的基础上，可以实现最优化发展的某些特定年龄阶段。例如，在孩子的肌肉发育过程中，首先应关注大肌群的增长，然后是精细化的动作控制。在某个阶段，孩子力量的增加主要依靠神经肌肉协调控制，而非肌肉体积的增大或肌纤维数量的增加。因此，如果我们在孩子的儿童青少年时期能按照其素质发展敏感期的规律对其进行训练，就能最大限度地发展其身体素质，为孩子今后的体质健康和运动表现提升打下坚实基础。

敏感期又被称作"天窗期"，国内外对其的研究很多。出现敏感期的不同身体素质可训练的最佳时机，也被叫作"训练天窗"（Optimal Windows of Trainability）或"最佳训练能力窗口"。

要注意的是，人的一般生长发育是有规律的，但因为受遗传、营养和运动等因素的影响，个体发育的时间是不同的，因此每个人的敏感期出现的时间也是不同的。早发育和晚发育都会偏离正常年龄发育水平两三岁，也就是说，同龄人的身体发育水平差异可能达到4~6岁！两个实际年龄为10岁的孩子，一个发育年龄可能才7岁，而另外一个可能是13岁！此外，一般认为，同龄的男孩女孩会在8岁开始出现发育差异，最好从这个年龄后就对男孩和女孩进行有区别的、针对性的身体素质训练。

因此，在青春期前的敏感期通常与年龄相关，在青春期开始后，敏感期的划分和青春期男孩女孩的一些生理标志出现的时间点有关，如青春期开始、生长峰值点和月经初潮等。目前，在国内外资料当中被研究证实的，同时较为公认和流行的是运动员长期发展模型（LTAD，Long-Term Athlete Development）。按照LTAD模型，身体素质敏感期（训练天窗）有13个，如下表所示。

身体素质敏感期（训练天窗）年龄区间

运动素质	不同敏感期（训练天窗）的出现时间			
性别	男孩		女孩	
柔韧天窗（2个）	第一天窗期	第二天窗期	第一天窗期	第二天窗期
	5~8周岁	12~14周岁	4~7周岁	11~13周岁
速度天窗（2个）	第一天窗期	第二天窗期	第一天窗期	第二天窗期
	7~9周岁	13~16周岁	5~8周岁	11~14周岁
技术天窗（2个）	第一天窗期	第二天窗期	第一天窗期	第二天窗期
	9~12周岁	14~18周岁	7~10周岁	12~16周岁
协调性天窗（1个）	天窗期		天窗期	
	12~14周岁		11~13周岁	

力量天窗（3个阶段）	天窗第一阶段	天窗第二阶段	天窗第三阶段	天窗第一阶段	天窗第二阶段	天窗第三阶段
	12~15周岁	15~20周岁	20~25周岁	10~13周岁	13~18周岁	18~21周岁
	注释：身高突增期后的6~12个月是第一个敏感期，增长速度最快。后期两个阶段增长速度逐渐放缓			注释：身高突增期或月经初潮后是第一个敏感期，增长速度最快。后期两个阶段增长速度逐渐放缓		

耐力天窗（2个）	12~14周岁	17~22周岁	11~13周岁	16~21周岁
爆发力天窗（1个）	16~22周岁		15~21周岁	

4. 因材施教，全面发展

儿童和青少年体育教育是教育体系中不可或缺的重要部分。相比国外的一些国家多年的系统研究和推广实施，我国的儿童和青少年体育教育整体水平仍有待提高。我们还缺乏多样化的身体素质练习手段，缺乏系统深入的研究支撑和长期发展的详细规划设计，缺乏一大批拥有专业资质和实践经验的教练员。当然，我们的发展是迅速的，近些年无论是在理论体系研究上，还是在实践方法组合上，都取得了喜人的成绩，未来可期。

在遵循儿童青少年身体生理发展规律的基础上，我们要因材施教，全面发展。在具体的训练执行和练习方式上，以下几个常见问题是最受家长、教练和老师们关注的，同样也是所有儿童青少年训练一线工作人员必须了解的。

（1）儿童青少年的练习方式是否和成人完全一样？

首先，就人体动作而言，对于已具备自由行走能力的儿童或青少年，其可以完成的大多数练习（如下蹲、跳跃和跑步等）的基本动作模式和成年人是完全一样的。不论是普通人还是运动员，不论是儿童还是老年人，其动作模式和动作方式的本质始终一样。Crossfit的创始人格拉斯曼（Glassman）曾说过："奥运会运动员和我们的外婆，对于运动的需求只有程度上的差别，没有种类上的差别"。

其次，儿童和青少年的动作模式和成人一样，在某些细节要求上也一样，但是在具体的动作要求和发展目的上，强调的重点不一样。例如，儿童和青少年体能训练更加强调正确动作模式的自动化训练，强调神经肌肉的本体感觉和动作姿势的标准，而不是强调训练负荷和训练强度。

（2）孩子应先练专项还是先练体能？

目前所有的相关研究建议并强调，孩子应该在提升基础运动技能的基础上，再参加竞技性体育运动。专家们就先有合适的身体基础，再去练专项的观点似乎已基本形成了共识。美国著名的儿童体能教育专家斯蒂芬·维尔吉利奥（Stephen Virgilio）博士在其所著的《儿童身体素质提升指导与实践（第2版）》一书中就明确指出并强调，在基础体能和专项技术之间，孩子应该先提升基础运动技能，在强化了骨骼肌肉系统和神经肌肉控制系统之后，再参加竞技性体育运动才是最好的选择。

这个规律以多种形式被应用于日常生活中。当儿童青少年刚开始进行体育锻炼时，篮球、游泳等运动专项对其吸引力也许更大。这些项目的初期学习目标是掌握一些基本技能，同时老师或教练也会教授一些热身练习。但是一旦孩子已经学会某个运动专项的基本技能，并且想要获得技能水平的进一步提升，就必须参加专门和正式的体能训练了。

（3）儿童和青少年是否能进行力量训练？

这个命题的研究在美国已有很长时间，之前有观点认为，孩子的肌肉正处于生长发育阶段，不应该过度使用，而且负重训练的危险系数太高。近二十年来，各大权威机构纷纷发表了有关儿童青少年的健身指导文章，推荐其进行力量训练，这些机构包括：美国儿科学会（AAP）、美国运动医学会（ACSM）、美国运动委员会（ACE）、美国国家体能协会（NSCA）、英国体育与运动科学协会（BASES）和加拿大运动生理学会等。

其中，美国儿科学会声明："适度的力量训练对于青少年的生长发育、骨骼愈合、心脏循环系统没有明显的副作用。"美国运动医学会认为："一般来说，如果儿童做好了参加组织好的体育运动的准备——如一些小型的足球、棒球联赛或者体操比赛——这就表明他们做好了可以进行一些力量训练的准备。"美国国家体能协会则这样表述："青少年的力量训练在以下情况下是安全而有效的：有一个善于制定训练计划的资深教练（或老师）的指导和监控，且青少年自身已掌握了适当的动作技术。"

对于年龄较小的儿童是否可以进行力量练习，国外最新研究认为，幼儿园到六年级的儿童不应执行最大负重练习，然而，哪怕年龄小到只有2岁的儿童，都是可以通过进行阻力练习来增强骨骼发育的。国外的长期研究和实践已证明，科学的力量训练是促进儿童青少年体质健康和运动能力增强的有效方法，有监督、有计划、科学合理的力量训练其实是一种安全有效的训练方式，对孩子肌肉生长发育有诸多益处。力量素质是参与一切体育活动的基础。在日常体育课教学中，合理安排力量训练环节可以逐步提高学生的身体素质和运动能力。因此，本套丛书提供了多种适合学生力量素质发展的练习方法，并针对不同年龄孩子的生长发育情况制定了不同的个性化训练计划，图文并茂，通俗易懂，引导学生科学系统、安全高效地进行力量训练，并为体育教师和体能教练提高孩子的身体素质和专项运动成绩提供了技术支持。

（4）为什么儿童青少年身体训练要关注动作模式？

儿童青少年的身体训练是为了打好身体基础，提升体能水平，且体能水平包含动作、身体素质和运动表现三个维度。动作是其中最本质和最基础的——任何日常身体活动和竞技运动都是由基本身体动作组成的，力量、爆发力、耐力、速度、敏捷、平衡、协调和柔韧等其他身体素质的发展都建立在此基础之上，最终达到实现结合运动专项或者其他功能需求的运动表现的目标。

动作模式就是遵循人体科学运动基本原则，让身体以最佳路径和最佳效率完成动作的过程。动作练习的目的就是建立正确的动作模式，并优化发展为动作技能。好的动作模式可以让你用最小的力和最经济的能量消耗来达到最佳的运动表现。专业运动员为了更好的竞技运动表现，突破既定的运动极限，时刻不断改进自己的技巧，熟练自己的技能，为的就是能在更好的动作模式下提升至最好的成绩。普通人也是如此，如果没有正确的动作模式，就会在运动中事倍功半。但大多数普通人的动作模式并不正确且已经"定型"，只能通过科学的纠正性训练进行矫正，且矫正过程异常复杂而艰难。而这种"最佳"动作模式建立和优化的最佳时期必定是在儿童青少年阶段。

动作模式的练习讲究神经肌肉的本体感觉和协调配合，以及动作姿态的有序控制。例如，在下蹲练习中，一个正确动作模式的下蹲动作需要踝关节、膝关节和髋关节的弯曲角度合理，踝部有足够的灵活性以保证膝关节的位置正确，膝盖有合理的折叠角度以帮助身体更好地利用大腿肌肉，髋部有合适的位置以保证上半身角度合理，同时，还需要躯干和核心配合发力，以及背部肌肉的参与。其他任何动作细节，包括肩膀的位置，头部的角度，甚至是视线，都有可能影响到整个身体联动发力的变化和动作模式的效率。

此外，练习动作模式的另一大功能就是保护身体，预防伤病。人体关节有两个基本特性：灵活性和稳定性，往往以一个为主，另一个为辅，这是人体的"原本设计"，是不可改变的。错误的动作模式会使某一关节的灵活性或稳定性产生变化，并进一步造成上下联动关节的错误代偿。虽然人体具有自我纠正能力，但一旦运动过量或负荷过大，就会产生永久性运动损伤。例如，硬拉练习是一个综合性训练动作，可以锻炼全身上下的多数肌肉，特别是后链肌群。但硬拉练习的训练目标不仅是肌肉，更重要的是动作模式。如果在练习过程中存在腹部用力不够、肩胛肌肉或腰背部肌群参与不够等问题，很容易导致人体脊柱过度屈曲，给脊柱造成额外的压力，使其成为一个错误而危险的动作。

因此，儿童青少年时期的身体训练要重点关注动作模式，以最有效率的动作幅度和最经济的能量消耗来获取最大的运动收益，这也是进行身体训练的黄金法则。

（5）一些高难度、高强度练习是否适合儿童青少年？

斯蒂芬·维尔吉利奥博士曾明确提出建议：10岁以上的孩子应每周至少有5天进行60分钟以上中等强度或更激烈的体育运动。我国的儿童青少年普遍存在运动参与较少的问题，如果突然加大训练量或训练强度，会出现不适应的情况。但只要循序渐进，科学进阶，孩子一样是可以做好很多强度较高、难度较大的训练的。从美国、德国和日本等国家的很多儿童训练视频和教程可以看出，孩子的训练强度和训练质量可以是很高水平的。因此，在保障好基本安全的前提下，遵循科学指导的原则，家长、老师和教练完全不必过度担心。

此外，一些欧美国家的专家认可并建议将基础体能训练（包括力量训练、有氧健身和关节灵活性训练等）融入中小学体育课程，以全面提升孩子们的运动能力，让孩子获得受益终生的训练技术、健康知识、训练态度和生活习惯，以及成年后参与体育运动所需要的知识和信心，并为未来的运动生涯打下基础。

（6）如何保障每一个孩子的训练积极性？

现代儿童和青少年的生活方式与历史上任何时期相比都发生了根本性的变化。不同于过去，现代孩子们大部分时间都在有封闭保护的环境下进行着消极的娱乐活动。要激发孩子的训练兴趣，首先要打破成人"缩小版"的训练模式，取而代之的应该是根据每个不同年龄、体质和特点的孩子定制个性化计划，最大限度地提升孩子对参与训练的兴趣，激发他们的好奇心和挑战心理。

对于每个孩子来说，体育活动都应该是有趣并且愉快的，而不应仅仅是有天赋的孩子才会有这种感觉。体育活动并不一定要有明确的名次目标，我们必须停止将10岁孩子作为年轻版的成人运动员来对待这种做法，而应让他们顺其自然地发展，让孩子们自由地活动、玩耍和娱乐，在运动中展示自我。在设计上，要敢于打破传统的体育教学套路，设计一些孩子喜欢并易接受的创新性体能练习方法，让每一个孩子都能够毫无压力地参与其中，从而摆脱久坐少动、肥胖和营养过剩对身体带来的不利影响，在轻松和欢乐中逐步提升自身的身体素质和运动表现。

在教学方法上，教师在训练的开始阶段要"低估"孩子的运动能力，然后逐步增加动作难度和运动强度，并且始终强调动作的规范性而不追求过度练习，坚持适当的练习永远优于过度训练。此外，教师要多与孩子进行互动，关注孩子的情绪状态，了解他们的想法和感受，多给予孩子鼓励和赞扬。教师还应及时记录训练信息，监督训练成果，让孩子理解和感受训练的益处，享受训练过程，从而激发孩子终身锻炼的兴趣。

一个全面的儿童青少年训练计划的执行过程，应该包含艺术和科学两个方面。科学是为了理解训练的原理和方法，艺术则是为了满足不同需求、目标和能力的训练者，并为其设计安全、高效和有趣的训练计划。对于孩子的训练不用过分讲究"No pain, No gain（无痛则无果）"，训练不仅仅是为了增长肌肉力量量和运动表现水平，更是为了让孩子了解自己的身体，保持运动的兴趣，收获更多的快乐。这种快乐是在掌握技能与完成挑战性任务之间的平衡中获得的，孩子只有在训练中获得了知识、技能和信心，并且感受到训练所具有的挑战性时，身体训练才是一种有趣的活动。

5. 本丛书的对象和受众

本丛书的阅读对象分为四类人群：儿童和青少年的家长；学校体育教师和从事儿童和青少年身体训练相关研究工作的人员；专业从事儿童和青少年体能教育培训的教练或技术人员；相关基层专业队、青少年俱乐部队伍的教练。此外，具备一定知识的青少年也可以直接阅读本丛书。

丛书分为两个系列："儿童身体训练动作指导丛书"和"青少年身体训练动作指导丛书"。目标受众是6~15岁的儿童和青少年。按照国内学龄阶段的划分，分为小学和中学两个学历阶段，同时按照九年义务教育的年限，按每三岁一个年龄区间分为3个层级，如下表所示。

儿童和青少年年龄、年级、学龄划分表

层级	年级划分	年龄区间	人群属性	学龄阶段
一	1~3年级	6~8周岁	儿童	小学生
二	4~6年级	9~11周岁	儿童	小学生
三	7~9年级	12~14周岁	少年	初中生

其中，第一层级和第二层级都属于小学阶段，对应的是"儿童身体训练动作指导丛书"，第三层级属于初中阶段，对应的是"青少年身体训练动作指导丛书"。当然，年级、学龄阶段不代表孩子的发育水平和身体运动能力水平，每个年级或年龄阶段都可能有处于不同发展水平的孩子，而且差异会很大。

国内对于儿童与青少年的界限划分以及对应的中英文词汇使用还比较混淆，为此，在查阅和参考相关资料的基础上，丛书在此做一个术语用法的大致介绍，同时明确一下年龄界限划分。美国国家运动医学学会（NASM）认为，青少年（Youth）这个词汇涵盖了一个较大的年龄范围，并且有广泛的含义，比如青年时代的意思，基本包含了儿童和少年阶段。美国疾病控制和预防中心（CDC）则使用儿童（Children）和青春期少年（Adolescent）两个词汇来对两组人群进行区分。通常来讲，刚出生到1周岁之间的小孩被称为婴儿（Infant），1~3

周岁则被称为幼儿（Baby），学龄前儿童（Preschool Children）相当于我们国家的幼儿园阶段，即3~6周岁，儿童（Children）所指的年龄范围为3~12周岁，而青少年（Teenager）所指的年龄范围为12~18周岁。NASM还指出，当涉及运动反馈时，儿童（Children）通常所指的年龄范围为6~12周岁，因为3~5周岁的儿童在分级测试和需要最大极限的运动中不会涉及。

　　此外，丛书在此要对英文中Kids、Adolescent、Juvenile和Teenager等几个相关词的意思和年龄界限进行一个简要释义。Kids（孩子）多从关系属性上强调相比之下跟自己感情亲近的孩子，更加口语化，而Children（儿童）更多泛指所有孩子，没有感情亲疏之分。Adolescent（青春期少年）这个词有名词和形容词双重属性，强调的是孩子处于青春发育期这个阶段，年龄区间一般是10周岁左右。Juvenile也可以作形容词和名词，指没有发育成熟的青少年。而Teenager是这几个词当中定义和年龄界限最明确的一个，指12~18周岁的青少年。参考下表，你将有一个清晰的了解。

术语年龄界限划分参照表

中文用词	婴儿	幼儿	学龄前儿童	儿童	青少年	青少年（广泛）
英文用词	Infant	Baby	Preschool Children	Children	Teenager	Youth
年龄范围	0~1周岁	1~3周岁	3~6周岁	3~12周岁	12~18周岁	6~18周岁

2019 年 9 月 27 日

前　言

在目前适合国内中小学生的完整的身体训练体系还在摸索和构建的背景下，本丛书期待为广大体育和教育领域的工作者，尤其是中小学体育教师提供针对儿童青少年体能教育的指导策略和教学模式参考，并帮助其设计适合不同发育水平孩子的身体训练课程，从而丰富体育课程内容，达到全面提升儿童和青少年身体素质和健康水平的目的。丛书突出了儿童和青少年训练的针对性、规范性和实效性，丰富了儿童和青少年运动训练的多样化方式，可作为广大体育教师、教练、体能训练师、健身教练和健身爱好者的参考书。

本丛书的内容参考了国内外多部与训练相关的图书和视频，包括《身体功能训练动作手册》，以及来自美国NASM的YES（Youth Exercise Specialization）教程和美国Gopher公司开发的Achieve儿童运动教程等。教师和教练可以根据孩子的年龄、个体能力和训练年限，选择从入门到高级的训练动作，作为训练计划制定的参考。

"儿童身体训练动作指导丛书"和"青少年身体训练动作指导丛书"的核心目的是动作指导，为了使用方便，同时便于读者找到合适的参考，本丛书按照徒手训练、拉伸训练和各种不同小器械训练的方式进行分类。在维度设置上，本丛书并没有按照训练板块，如热身整理、准备活动、基本动作技能、力量训练、核心训练、拉伸训练、快速伸缩复合训练、速度训练、游戏、瑜伽、有氧心肺、稳定性训练和灵活性训练进行划分，也没有从身体素质，如力量、爆发力、平衡、柔韧、灵敏、速度、心肺耐力和肌肉耐力等维度来设置。但是，丛书在动作体系分类中体现了以上两个维度，同时按照身体部位（如上肢、下肢和躯干等）和身体姿势（如站立姿、半跪姿、仰卧姿和俯卧姿等）等多维度来综合设置。

其中，"儿童身体训练动作指导丛书"针对1~6年级的小学生，年龄区间为6~11周岁，全套包括《儿童身体训练动作手册：徒手训练》《儿童身体训练动作手册：拉伸训练》《儿童身体训练动作手册：弹力带训练》《儿童身体训练动作手册：瑞士球与迷你带训练》《儿童身体训练动作手册：哑铃与壶铃训练》《儿童身体训练动作手册：药球与BOSU球训练》《儿童身体训练动作手册：栏架、平衡垫、泡沫轴与按摩棒训练》。

"青少年身体训练动作指导丛书"针对初中生，年龄区间为12~14周岁，全套包括《青少年身体训练动作手册：徒手训练》《青少年身体训练动作手册：拉伸训练》《青少年身体训练动作手册：弹力带训练》《青少年身体训练动作手册：哑铃训练》《青少年身体训练动作手册：瑞士球训练》《青少年身体训练动作手册：药球与壶铃训练》《青少年身体训练动作手册：BOSU球与迷你带训练》《青少年身体训练动作手册：栏架、泡沫轴与按摩棒训练》。

每本书均由三部分构成：第一部分介绍训练所用小器械的基础知识、主要训练优势，以及主要涉及的训练板块，如BOSU球主要用于平衡稳定练习，哑铃主要用于力量练习，栏架多用于灵敏练习和快速伸缩复合训练；第二部分是动作的详细板块，按照训练板块、身体部位、身体姿势和素质类别等，从多个维度和层面将动作进行了细致划分，以图文结合的形式详细介绍每一个具体的动作练习，说明动作步骤、动作要点和注意事项，且部分动作有对应的参考视频，读者可以通过扫描二维码进行查看；第三部分是训练计划示例，提供了若干个参考性训练计划。训练计划针对不同目的、不同水平儿童青少年设计，当然，书中所列的计划只是一个简要参考，读者可以根据需求或训练对象的具体情况设计更加多样化和个性化的训练计划，实现高质量体育教学的目标。

本丛书根据不同年龄段儿童和青少年的生理、心理和营养等发展特征，并参考目前国外流行的LTAD模型，确定适用于不同年龄段的体能训练动作和活动方式，比如《儿童身体训练动作手册：徒手训练》中，就涵盖了儿童肌肉力量和耐力、协调性、速度、灵敏反应、柔韧性和能量代谢练习等多个素质类别，同时还提供多种动作模式练习、双人配合练习、爬行练习和儿童瑜伽等丰富多彩的实践内容，帮助他们提升运动表现，加强团队合作，并享受运动带来的健康和乐趣。

这套丛书联合体育训练和学校体育行业的国内外专家，参考国际最新的儿童和青少年训练体系和领域研究成果，以简洁实用的动作练习和丰富实用的训练计划来呈现，拟搭建6~15周岁范围内，中、小学的两段课程体系，构建中小学身体训练课程及儿童和青少年体质健康解决方案，帮助施教者提供更安全、更科学、更具趣味性的体育教学，促进儿童和青少年更积极地参与体育活动，更轻松易行地掌握基本运动技能，更科学合理地全面提高身体素质。

动作视频在线观看说明

为了帮助青少年快速掌握动作技术，科学进行锻炼，本书提供了大部分动作练习的演示视频，具体可通过以下步骤在线观看。

步骤1 打开微信"扫一扫"（图1）。

图1

步骤2 扫描动作练习页面上的二维码（图2和图3）。

图2

图3

步骤3 如果您尚未关注微信公众号"人邮体育"，扫描后会出现"人邮体育"的二维码（图4）。请根据说明关注"人邮体育"（图5），并在关注后点击"资源详情"（图6），即可进入动作视频观看页面（图7）。如果您已关注微信公众号"人邮体育"，扫描后可直接进入动作视频观看页面。

图 4　　　　　　　　　　图 5

图 6　　　　　　　　　　图 7

特殊说明：

1．全书共提供了143个动作视频，且每个动作视频对应一个二维码。

2．考虑到部分动作练习的单次演示时间较短和动作难度较大的情况，同时为了达到更好的指导效果，动作视频将重复演示动作练习若干次。此外，为了更好地展示动作细节，部分动作视频将从不同角度或书中演示侧的对侧演示动作练习并重复若干次。

目录
CONTENTS

CHAPTER 第1章

徒手训练的基础知识

CHAPTER 第2章

徒手训练在青少年身体素质提升锻炼中的运用

CHAPTER 03 第3章
动作练习

CHAPTER 04 第4章
训练计划

CHAPTER 01 第1章

徒手训练的基础知识

　　徒手训练是一种在大众健身和专业体能训练领域得到广泛运用的训练方法。了解徒手训练的含义和生理机制，能够帮助锻炼者更科学、高效地进行训练。

1.1　什么是徒手训练

徒手训练是一种不借助器械，主要依靠自己身体进行的一种训练方式。许多体操、健身操、广播操、力量练习、拉伸练习中的动作都属于徒手训练。这种训练和其他训练一样，都可以提升各个维度的身体素质，提高肌肉力量及心肺功能，同时有利于保持身体的整体健康，也可以用于塑形和减脂。徒手训练包含多种形式，与器械训练相比，很多练习具有更高的要求和更强的功能性，例如俯卧撑、平板支撑、引体向上、深蹲、弓箭步、跑步、竞走、体操甚至游泳等。这些练习动作仅需利用自身体重产生阻力，使身体进行移动、屈伸、旋转、变向或跳跃等动作，最终达到增强力量、爆发力，提升速度、耐力柔韧性、协调性及灵敏性等多种效果。实际训练中，无论是专业的体能训练还是一些基于健身的训练，人们常常将徒手训练与拉伸训练结合，用以提高身体的平衡性、协调性和敏捷性。因为这套丛书中有一本书专门讲解拉伸训练，所以本书中不多讲述。徒手训练很重要的一个优点是，练习者可以在外出时或在家中时利用任意一小块空间进行训练，这种方便易行的训练方式让练习者可以灵活安排，不会再用器械和场地为逃避锻炼找借口。

此外，如果针对一个团队进行有组织的徒手训练，形同于团体健美操比赛一样，不仅可以增强练习者的体能，还可以提高其与同伴合作的能力。而将徒手训练编制成健身操的锻炼形式早已经作为加强学生身体素质的有效方法在世界范围的中小学校推广开来。

1.2　徒手训练的生理机制

更全面地提高肌肉力量

　　在运动中，肌肉力量主要受两种生理因素的影响：肌源性因素和神经源性因素。一般使用器械训练时，主要通过增大肌肉的生理横断面面积来强化肌力，对神经系统的调用较少。例如使用器械进行胸推训练时，除胸部肌群和肩部三角肌前束外，很少有其他肌群参与到运动中，神经系统的参与度也相对较低。相反，通过俯卧撑对胸部肌肉进行训练时，在胸大肌得到训练的同时，神经系统必须调动腹部肌群、背部肌群、臀部肌群等共同参与，来维持核心的平衡及稳定。这意味着徒手胸肌训练不仅可以更好地激活目标肌群的肌肉募集能力，对目标肌群起到很好的锻炼作用，同时还增强了神经系统对全身多处肌群的控制和协调能力。因此，徒手训练可以同时锻炼到更多的神经和肌肉，从而更全面地提高身体的肌肉力量和能量代谢水平。

避免关节和软组织发生超负荷损伤

　　虽然使用哑铃、杠铃等器械进行自由重量训练可以在短时间内提高肌肉力量，但也容易对关节造成损伤。因为在运动中，肌肉可以比关节更快速地适应来自大负荷的刺激，所以两者对负荷的承受能力并非保持同步。在进行高强度、大负荷的自由重量训练时，关节和韧带更容易因承受过大阻力而受到损伤。而徒手训练并不会引发此类问题，因为其所需阻力及最大阻力便来自人体自身的重量，这是人在从事各种运动时最先需要克服的常规阻力。此外，徒手训练动作多为复合型，所以其需要调动全身多个肌群协同工作，这会有效地避免因为过度使用而造成快速疲劳，或者导致某单一肌群损伤。

CHAPTER 02 第2章

徒手训练在青少年身体素质提升锻炼中的运用

徒手训练是一种兼具功能性和多样性的训练方法，在青少年身体素质提升锻炼中具有独特的运用优势。但青少年锻炼者仍须了解进行徒手训练时的一些注意事项，且最好在有家长、老师、教练或同伴从旁保护的情况下进行训练。

2.1 运用优势

徒手训练可以增强神经系统对肌肉的控制，同时也会增强身体的本体感觉、协调性和灵敏性等，这对青少年长大后有更好的身体机能发展空间是非常有帮助的。在青少年时期进行徒手训练，不仅有利于肌肉力量的增长，还能建立起控制身体的意识，更多地学习正确动作模式，形成良好的训练反馈和条件反射，甚至可以对形体塑造、姿态保持以及运动技巧的发展和培养带来更加深远和有益的影响。

此外，对于青少年身体素质提升锻炼而言，徒手训练还具有以下特点和优势。

无须额外费用

不论是在设备比较充足和有专业健身教练指导的健身房进行锻炼，还是自己购买健身器械和设备在家进行锻炼都需要支付一定的费用。对于大多数青少年来说，徒手训练可以帮助他们解决这一烦恼。

无场地限制

徒手训练中所需的阻力主要是由自身重量提供的，不需要借助任何其他器械，对场地也没有特殊需求，不受环境限制，在任何场所都可以进行。对于在校学生或多人运动项目的运动团体来说，训练通常是多人同时进行的，常因器械或设备短缺造成训练冲突，团体 成员经常需要排队训练或轮流练习，而采用徒手训练可以有效避免此类问题。这有利于对训练时间、强度和频次的控制，从而提高训练效率。

训练相对安全

自出生起我们便承受着自身体重进行各种活动，不论是走路还是跑步，都需要克服自身体重才能产生位移，这使我们已经在成长的过程中在一定程度上适应了徒手训练，也就是利用自身体重产生阻力来进行的训练。与其他训练方式相比，如使用哑铃、杠铃，或者更复杂的器械来进行的训练，徒手训练更加安全。练习者不用担心可能会因器械操作不当而造成损伤。因为徒手训练主要通过杠杆作用以及改变动作姿势或幅度来控制阻力，它可以避免一般力量训练中会因为姿势不当等原因造成的伤害。如果在徒手训练时出现体力不支或者错误的动作姿势引起身体不适时，可以立即停止练习。而通常在使用哑铃和杠铃进行训练时，不论新手还是老手有时都难以及时制止损伤的发生，而且如果没有经验丰富的保护者，或者随着负重的不断增加，损伤发生的风险也会随之增大。

动作更具功能性

如果想要将训练发挥出更大功效，就必须尽可能地将训练与训练目的相结合。大多数普通青少年的训练目的是保持身体健康以及在日常生活中可以灵活地控制身体并保持协调性。很多独立的器械训练只能锻炼某个部位的肌肉或者进行单一维度的单关节练习，基本不具备任何功能性，比如哑铃弯举等。通常情况下，很多力量训练只能针对某个特定部位的肌肉，其占全身肌肉含量比重较低；而徒手训练与之相反，因为它在训练时需要控制协调全身在不同状态下完成各种各样的复合型动作，在锻炼某些目标肌肉的同时，还需要控制其他肌群来保持身体的平衡和稳定。特别是对于核心肌群，徒手训练对其要求和动员作用要远大于器械训练。正因为徒手训练可以有机地将局部练习和全身练习结合在一起，在发展大肌群力量的同时也会兼顾小肌群，使其相互协调，强化核心的稳定性，提高神经肌肉系统的工作效率，所以青少年更容易通过徒手训练全面、均衡地提升各项身体素质。

更多的动作组合，更丰富多样的训练计划

如果说徒手训练有什么限制，那便是你的想象力。练习者可以利用自己的体重及多变的动作姿势来进行基于不同训练目标的训练。不同于健身房里单调的器械训练，徒手训练的变化是无限的，并且难易程度也很好掌握。下面几个简单的方法，可以帮助练习者在不改变负重的前提下增加动作难度：

（1）改变杠杆，也就是力臂的长度；
（2）将稳定支撑面变成不稳定支撑面；
（3）在动作末端增加停顿的时间；
（4）由双侧练习变成单侧练习。

以俯卧撑为例，这是一个典型的可以锻炼胸肌、肩背肌群、核心肌群和肱三头肌等上肢肌群的动作。刚开始训练时，练习者可以选择从站立俯卧撑开始，用双手撑住身前的墙壁来做动作，难度很低。接下来，练习者可以试着将双手撑在齐胸高度的柜子上来做动作，再然后可以在桌子、椅子、茶几，甚至是一层台阶上做动作。手的位置越低，动作难度越大。如果手脚高度对调，手撑地，脚撑在茶几上，则动作难度会进一步增加。这就是利用杠杆来调整动作难度的示例。

如果想要继续加大难度，练习者可以将双手撑在一个球面上，此时利用的是将稳定支撑面改为不稳定支撑面的方法来增加难度。然后，练习者可以在身体下降至最低点时停顿几秒，这会使练习更难。再进一步，练习者可以变为单手执行动作，甚至垫高脚的位置，并且让手撑在不稳定支撑面上和在最低点添加停顿。

就像上面所举的俯卧撑的执行难度不断进阶的例子，徒手训练中还有很多动作或项目都可以依照这种规律来控制执行难度。所以即便是身体还处在发育阶段的青少年，也会很容易地在徒手训练中找到适合其自身的训练强度并实现平稳发展。此外，灵活多变的动作形式也可以为训练增添趣味性，易于提高青少年运动员的锻炼兴趣和热情。

易于减脂

12岁后，特别是进入中学之后，由于诸多原因，青少年体育活动量骤减，健康问题也随之而来。在美国，青少年肥胖问题严重；在中国，近年来由于饮食条件的改变，青少年肥胖问题也日益明显，提高对运动的重视迫在眉睫。徒手训练可以被安排进任何的训练计划、日常身体活动、课间活动或是体育课程中，练习者可以调动全身肌肉和神经参与到运动中，在提升肌肉力量的同时自然而然也会增加能量代谢水平和提高新陈代谢效率，可在更短时间内快速燃烧脂肪。因为肌肉可帮助人体消耗热量，肌肉含量增多，消耗的热量便随之加大。对于有肥胖问题的青少年，徒手训练是最方便有效的减脂训练方式。

增加骨密度

骨密度全称是骨骼矿物质密度，是骨骼强度的一个重要指标，对于青少年的生理成长有着非常重要的意义。随着年龄的增加，人的身体会渐渐出现各种各样的问题，而作为人体支撑结构的骨骼也会随着时间的推移发生改变，骨密度的下降是绝大部分骨骼问题的重要原因。而人体骨骼生长发育的高峰期就在儿童青少年时期，也就是增高的重要时期，如果错过在此期间做好骨密度的储备，后期就很难补充了，这对于想增加身高的青少年来说尤其重要。因此，在儿童青少年时期应该进行有效的骨密度储备工作，合理的饮食和运动都必不可少。不少证据显示，适当的重量训练对于青少年的骨骼发育是有积极影响的，例如骨密度的增加、运动损伤的预防等。而徒手训练的重量可以让青少年对训练产生良好的适应性，且能有效预防运动损伤，是青少年保持健康骨密度的有效方法。

帮助青少年形成良好的心态

对于青少年来说，当肥胖和近视问题渐渐影响了他们的生活质量时，徒手训练便可以很轻松地帮他们摆脱久坐不动的生活方式，并提高他们的身体素质及自信心。此外，徒手训练操作的便捷性及较低的损伤概率使其很适合作为团体健身活动加以运用。青少年可以和朋友及家人共同进行这些练习，增加练习的趣味性，使其更容易在整个训练计划中坚持到最后。而一旦克服了辛苦的日常训练所带来的困难，不但身体会做出积极的响应（健康的身体机能状态和良好的身体形态），心态也会发生良好改变。这种在训练中所培养的不畏困难、挑战自己的精神，会使青少年在日后生活中遇到其他困难时变得更加积极和勇敢，也会更加自信和自律，有助于塑造更加健康完整的人格。

满足青少年不同的身体素质训练需求

近年来，我国青少年肥胖率不断攀升，青少年各项身体素质平均水平均有下滑的趋势，这与高热量的饮食摄入和久坐不动的生活方式直接相关，最有效的解决方式便是提高青少年的活动水平。而徒手训练的功能性、动作进阶和变化的多样性、锻炼计划的趣味性和丰富性让其可以满足青少年对力量、爆发力、耐力、速度、平衡、协调、柔韧、灵敏反应等不同身体素质的训练需求。

2.2 徒手训练的注意事项

（1）安全第一，青少年锻炼时要先检查周围环境是否安全。注意地面是否平整，是否穿戴合适的运动鞋和衣服，做难度较大或者有一定挑战性的动作时要预先请求同伴或者经验丰富的家长、老师或教练保护。另外，注意练习时不要相互恶作剧，否则会给同伴带来伤害。一旦有意外运动损伤发生时要及时处理或寻求专业帮助。

（2）采用徒手训练发展身体素质时，一定要按照循序渐进的训练原则进行，应根据练习者自身生理、心理状态来设定运动强度和负荷。

（3）针对练习者的个人能力和需求，制定明确合理的训练目标；对团体训练者来说，可以根据个体差异制定不同训练的目标。

（4）训练前可以进行动态拉伸练习，以对关节、肌肉进行激活和预热；训练后利用静态拉伸、恢复再生等方式促进肌肉恢复；训练当中注意合理补充水分。

CHAPTER

03

第 3 章

动作练习

　　青少年锻炼者可通过徒手训练对不同身体部位进行不同功能的锻炼。明确徒手动作练习的训练部位和训练目标，掌握动作要点和注意事项，是青少年锻炼者获得理想锻炼效果的基础和保障。

3.1 基本动作模式

3.1.1 标准动作姿势

俯卧姿

训练部位　**不涉及**

主要肌肉　**不涉及**

训练板块　**动作姿势**

训练目标　**无**

> **动作要点**
>
> 俯卧，整个身体在放松的状态下趴在地面或垫子上，双手放在身体两侧，自然摆放。头、脊柱、髋关节在一条直线上。

俯卧姿 - 双肘双脚撑

训练部位 **不涉及**

主要肌肉 **不涉及**

训练板块 **动作姿势**

训练目标 **建立基础动作模式**

注意事项 **避免翘臀、塌腰，保持身体呈一条直线，保持正常呼吸**

动作要点

俯卧，头部自然伸直，呈四点支撑姿势（双肘和双脚脚尖着地）。保持肘部位于肩部的正下方，上臂垂直于地面，前臂贴地，肘关节约呈90度。双腿伸直，同时保持背部挺直，腹部和臀部收紧，身体呈一条直线。

基本动作模式

徒手力量练习

特殊训练板块

俯卧姿 - 双手双脚撑

训练部位　**不涉及**

主要肌肉　**不涉及**

训练板块　**动作姿势**

训练目标　**建立基本动作模式**

动作要点

俯卧，呈四点支撑姿势（双手和双脚脚尖着地）。保持双手位于肩部的正下方，双臂伸直，但注意肘关节不要锁死。双腿伸直，同时保持背部挺直，腹部和臀部收紧，尽量保持整个身体呈一条直线。

身体呈一条直线

俯卧姿 - 双手双膝撑

训练部位	不涉及
主要肌肉	不涉及
训练板块	动作姿势
训练目标	建立基本动作模式

动作要点

俯卧，呈四点支撑姿势（双手和双膝着地）。保持双手位于肩部的正下方，双臂伸直，但注意肘关节不要锁死。双脚悬空，双膝着地。同时保持背部挺直，腹部和臀部收紧，从头部到双膝呈一条直线。

基本动作模式

徒手力量练习

特殊训练板块

仰卧姿

训练部位　　**不涉及**

主要肌肉　　**不涉及**

训练板块　　**动作姿势**

训练目标　　**无**

> **动作要点**
>
> 仰卧，整个身体在放松的状态下躺在地面或垫子上，目视上方，双手放在身体两侧，自然摆放。

仰卧姿 - 臀桥

训练部位 不涉及

主要肌肉 不涉及

训练板块 动作姿势

训练目标 建立基本动作模式

注意事项 保持躯干和大腿在一条直线上

动作要点

 身体呈仰卧姿，头部和整个背部着地，双臂交叉收于胸前。双腿屈膝约呈90度，双脚着地。

 脚尖勾起，脚跟触地支撑，腹部和臀部收紧，抬髋部离开地面，肩部支撑，直至躯干与大腿在一条直线上。

基本动作模式

徒手力量练习

特殊训练板块

仰卧姿 - 单腿军步臀桥

训练部位　**不涉及**

主要肌肉　**不涉及**

训练板块　**动作姿势**

训练目标　**建立基本动作模式**

躯干与大腿呈一条直线

动作要点

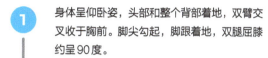

1 身体呈仰卧姿，头部和整个背部着地，双臂交叉收于胸前。脚尖勾起，脚跟着地，双腿屈膝约呈90度。

2 腹部和臀部收紧，抬髋部离开地面，直至躯干与大腿在一条直线上。

3 保持身体稳定，一侧腿屈髋抬离地面，直至大腿与躯干约呈90度，并保持脚尖勾起。

侧卧姿 - 单肘单脚撑

训练部位　**不涉及**

主要肌肉　**不涉及**

训练板块　**动作姿势**

训练目标　**建立基本动作模式**

动作要点

侧卧，呈两点支撑姿势（单肘和单脚着地）。一侧肘部位于肩部正下方，上臂与地面垂直，前臂贴地，屈肘约呈90度。另一侧手臂伸直与支撑臂尽量呈一条直线。双腿伸直并拢，支撑臂一侧的脚的侧面触地支撑。保持背部挺直，腹部和臀部收紧，身体呈一条直线。

身体呈一条直线

侧卧姿 – 单手双脚撑

训练部位　**不涉及**

主要肌肉　**不涉及**

训练板块　**动作姿势**

训练目标　**建立基本动作模式**

动作要点

侧卧，呈三点支撑姿势（单手和双脚着地）。一侧手位于肩部正下方，手臂伸直并与地面垂直，但注意肘关节不要锁死。另一侧手臂伸直与支撑臂尽量呈一条直线。双腿伸直呈前后分开的姿势触地支撑。保持背部挺直，腹部和臀部收紧，身体呈一条直线。

身体呈一条直线

侧卧姿 - 单肘单膝撑

训练部位　**不涉及**
主要肌肉　**不涉及**
训练板块　**动作姿势**
训练目标　**建立基本动作模式**

动作要点

身体呈侧卧姿，一侧上臂与地面垂直，前臂贴地，屈肘约呈90度。另一侧手臂伸直与支撑臂尽量呈一条直线。双腿并拢屈膝呈90度，支撑臂一侧的膝部触地支撑。保持背部挺直，腹部和臀部收紧，身体呈一条直线。

非支撑臂向上伸直

屈髋双膝跪姿

训练部位　**不涉及**

主要肌肉　**不涉及**

训练板块　**动作姿势**

训练目标　**建立基本动作模式**

动作要点

身体呈跪姿，屈髋，大腿紧贴小腿，臀部坐于小腿上，脚尖触地支撑。抬头挺胸，目视前方，保持背部挺直，腹部收紧，双臂自然垂于身体两侧。

保持背部挺直

基本动作模式

徒手力量练习

特殊训练板块

伸髋双膝跪姿

训练部位　**不涉及**

主要肌肉　**不涉及**

训练板块　**动作姿势**

训练目标　**建立基本动作模式**

动作要点

身体呈跪姿，双腿分开，距离与肩同宽，屈膝约呈 90 度，脚尖勾起触地支撑。伸髋，保持躯干与大腿在一条直线上。抬头挺胸，目视前方，保持背部挺直，腹部和臀部收紧，双臂自然垂于身体两侧。

保持背部挺直

半跪姿

训练部位　**不涉及**

主要肌肉　**不涉及**

训练板块　**动作姿势**

训练目标　**建立基本动作模式**

动作要点

身体呈跪姿，双腿前后分开，后侧腿屈膝跪地，大腿垂直于地面，与上体保持在一条直线上，脚尖勾起触地支撑。前侧腿屈髋屈膝约呈90度，全脚掌触地支撑。抬头挺胸，目视前方，保持背部挺直，臀部和腹部收紧，双臂自然垂于身体两侧。

保持背部挺直

俯身屈髋双手双膝跪姿

训练部位　**不涉及**

主要肌肉　**不涉及**

训练板块　**动作姿势**

训练目标　**建立基本动作模式**

> **动作要点**
>
> 身体呈俯身双膝跪地姿势，保持双手撑于肩部正下方，双臂伸直，垂直于地面，但注意肘关节不要锁死。屈髋屈膝约呈90度，双脚分开约与髋同宽，脚尖勾起触地。保持背部挺直，腹部收紧。

保持背部挺直

直立姿 - 正常站位

训练部位　**不涉及**
主要肌肉　**不涉及**
训练板块　**动作姿势**
训练目标　**建立基本动作模式**

动作要点

身体呈直立站姿，双脚分开，平行站立，距离约与肩同宽，双腿伸直，臀部收紧，挺胸收腹，目视前方，微收下颌，双臂自然垂于身体两侧。

基本动作模式

徒手力量练习

特殊训练板块

直立姿 - 宽站位

训练部位 **不涉及**

主要肌肉 **不涉及**

训练板块 **动作姿势**

训练目标 **学习基本站立姿势**

动作要点

身体呈直立站姿，双脚分开，平行站立，双脚距离大于肩宽，双腿伸直，臀部收紧，挺胸收腹，目视前方，微收下颌，双臂自然垂于身体两侧。

直立姿 - 窄站位

训练部位　**不涉及**

主要肌肉　**不涉及**

训练板块　**动作姿势**

训练目标　**学习基本站立姿势**

动作要点

身体呈直立站姿，双脚分开，平行站立，双脚距离小于肩宽，双腿伸直，臀部收紧，挺胸收腹，目视前方，微收下颌，双臂自然垂于身体两侧。

基本动作模式

徒手力量练习

特殊训练板块

基本运动姿

训练部位 **不涉及**

主要肌肉 **不涉及**

训练板块 **动作姿势**

训练目标 **建立基本动作模式**

注意事项 **在动作开始时，先将髋关节向后移动，再屈膝，避免塌腰和膝内扣**

动作要点

身体俯身呈半蹲姿势，双脚分开，平行站立，双脚距离略比肩宽，屈髋屈膝，大腿与躯干约呈90度。注意膝盖不要超过脚尖，身体重心置于前脚掌。保持背部挺直，腹部收紧。

保持背部挺直

俯身姿

训练部位　**不涉及**
主要肌肉　**不涉及**
训练板块　**动作姿势**
训练目标　**建立基本动作模式**

动作要点

身体俯身呈半蹲姿势，双脚分开，平行站立，双脚距离略比肩宽，屈髋屈膝，躯干尽量保持与地面平行。注意膝盖不要超过脚尖，身体重心置于前脚掌。保持背部挺直，腹部收紧。

保持背部挺直

分腿姿

训练部位　**不涉及**

主要肌肉　**不涉及**

训练板块　**动作姿势**

训练目标　**建立基本动作模式**

动作要点

身体呈直立姿，双腿分开，一前一后分腿站立，双脚脚尖向前，双腿伸直。臀部收紧，挺胸收腹，目视前方，微收下颌，双臂自然垂于身体两侧，身体重心位于两腿之间。

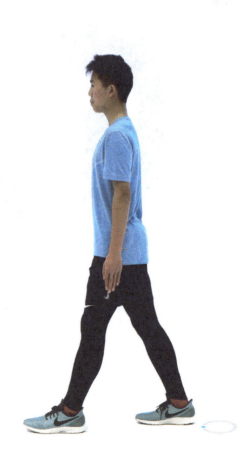

运动分腿姿

训练部位　**不涉及**

主要肌肉　**不涉及**

训练板块　**动作姿势**

训练目标　**建立基本动作模式**

基本动作模式

徒手力量练习

特殊训练板块

动作要点

身体呈双腿前后分开的站立姿势。前侧腿屈髋屈膝，至大腿约与躯干呈135度，全脚掌触地支撑。后侧腿屈膝至膝关节离地20~30厘米，臀部收紧，脚跟离地，脚尖触地支撑。保持背部挺直，挺胸收腹，目视前方，微收下颌，双臂自然垂于身体两侧。身体重心位于两腿之间。

保持背部挺直

分腿蹲姿

训练部位　**不涉及**

主要肌肉　**不涉及**

训练板块　**动作姿势**

训练目标　**建立基本动作模式**

注意事项　**避免躯干前倾，前侧大腿尽量与地面平行**

动作要点

身体呈双腿前后分开的站立姿势。前侧腿屈髋屈膝，至大腿与躯干约呈90度，全脚掌触地支撑。后侧腿屈膝至膝关节离地约10厘米，臀部收紧，脚跟离地，脚尖触地支撑。保持背部挺直，挺胸收腹，目视前方，微收下颌，双臂自然垂于身体两侧。

保持背部挺直

弓步姿

训练部位　**不涉及**

主要肌肉　**不涉及**

训练板块　**动作姿势**

训练目标　**建立基本动作模式**

基本动作模式

动作要点

身体呈双腿前后分开的站立姿势。前侧腿屈髋屈膝，至小腿约与地面垂直，全脚掌触地支撑。后侧腿伸直，臀部收紧，脚跟微离地，脚尖触地支撑。保持背部挺直，挺胸收腹，目视前方，微收下颌，双臂自然垂于身体两侧。身体重心偏前。

保持背部挺直

徒手力量练习

特殊训练板块

3.1.2 姿势快速转换

双腿运动姿

训练部位	**全身**
主要肌肉	**无**
训练板块	**动作技能整合**
训练目标	**强化基本动作模式**

动作要点

 身体呈直立站姿，双腿分开约与肩同宽。背部挺直，挺胸收腹，目视前方，微收下颌，双臂自然垂于身体两侧。

 保持背部挺直，腹部收紧，手臂自然前摆，屈髋屈膝快速转换为基本运动姿，静态保持 10 ~ 30 秒。

 回到起始姿势，并完成规定的次数。

单腿运动姿

训练部位　**全身**

主要肌肉　**无**

训练板块　**动作技能整合**

训练目标　**强化基本动作模式**

注意事项　**转换过程中保持身体核心的控制和稳定；单腿支撑时，髋、膝、踝在同一平面上**

基本动作模式

徒手力量练习

特殊训练板块

动作要点

1 身体呈直立站姿，双腿分开约与肩同宽。背部挺直，挺胸收腹，目视前方，微收下颌，双臂自然垂于身体两侧。

2 保持背部挺直，腹部收紧，一侧腿抬起离地，同时另一侧屈髋屈膝快速转换为单腿站立基本运动姿。

回到起始姿势，并完成规定的次数。

摆臂下蹲

保持背部挺直

双臂伸直举过头顶

① ②

训练部位　**全身**

主要肌肉　**无**

训练板块　**动作技能整合**

训练目标　**强化基本动作模式**

注意事项　**下蹲速度要快，用臀部和双腿发力，下蹲时膝盖不要内扣，下蹲后保持身体姿势**

基本动作模式

徒手力量练习

动作要点

1 身体呈直立站姿，双腿分开略比肩宽。背部挺直，挺胸收腹，目视前方，微收下颌，双臂自然垂于身体两侧。

2 双脚蹬地，脚跟抬离地面，双臂伸直举过头顶。

3 迅速下蹲的同时双臂快速向下摆动至髋关节两侧，呈基本运动姿，注意在这个动作过程中双脚保持着地，且不产生移动。

↻ 回到起始姿势，并完成规定的次数。

特殊训练板块

站姿 - 跳蹲 - 呈双腿运动姿支撑

保持背部挺直

双臂伸直举过头顶

①

②

训练部位　**全身**
主要肌肉　**无**
训练板块　**动作技能整合**
训练目标　**强化基本动作模式**
注意事项　**落地后保持身体姿势**

动作要点

1　身体呈直立站姿，双腿分开略比肩宽。背部挺直，挺胸收腹，目视前方，微收下颌，双臂自然垂于身体两侧。

2　双脚蹬地，向上摆臂带动身体跳起。

3　落地后身体呈基本运动姿，注意膝盖不要超过脚尖，并保持身体稳定。

↻　回到起始姿势，并完成规定的次数。

站姿 - 跳蹲 - 呈单腿运动姿支撑

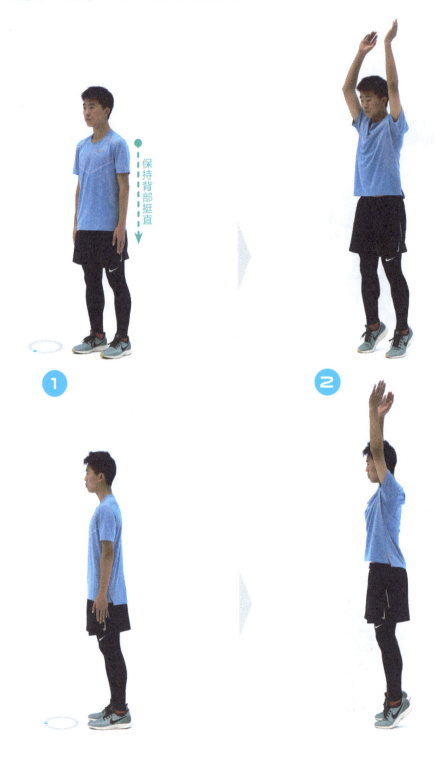

保持背部挺直

训练部位　**全身**
主要肌肉　**无**
训练板块　**动作技能整合**
训练目标　**强化基本动作模式**

基本动作模式

双臂向前摆动

动作要点

 身体呈直立站姿，双腿分开略比肩宽。背部挺直，挺胸收腹，目视前方，微收下颌，双臂自然垂于身体两侧。

 双脚蹬地，向上摆臂带动身体跳起。

3 落地后呈稳定的单腿运动姿，注意膝盖不要超过脚尖，并保持身体稳定。

 回到起始姿势，并完成规定的次数。

徒手力量练习

特殊训练板块

单腿站姿 - 跳蹲 - 呈同侧单腿运动姿支撑

训练部位　**全身**

主要肌肉　**无**

训练板块　**动作技能整合**

训练目标　**强化基本动作模式**

动作要点

 身体呈单腿直立站姿，背部挺直，挺胸收腹，目视前方，微收下颌，双臂自然垂于身体两侧。

 支撑脚蹬地，快速向上摆臂带动身体跳起。

 落地后，支撑腿不变，呈单腿运动姿，注意膝盖不要超过脚尖，并保持身体稳定。

 回到起始姿势，并完成规定的次数。

双臂向后摆动

单腿站姿 - 跳蹲 - 呈异侧单腿运动姿支撑

训练部位	**全身**
主要肌肉	**无**
训练板块	**动作技能整合**
训练目标	**强化基本动作模式**

基
本
动
作
模
式

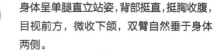

动作要点

 身体呈单腿直立站姿，背部挺直，挺胸收腹，目视前方，微收下颌，双臂自然垂于身体两侧。

 支撑脚蹬地，快速向上摆臂带动身体跳起。

 异侧腿落地支撑，呈单腿运动姿，注意膝盖不要超过脚尖，并保持身体稳定。

 回到起始姿势，并完成规定的次数。

徒
手
力
量
练
习

双臂向后摆动

特
殊
训
练
板
块

纵向 - 同侧腿跳 - 呈稳定性支撑

双臂向上摆动

①

②

训练部位	全身
主要肌肉	无
训练板块	动作技能整合
训练目标	强化基本动作模式

基本动作模式

徒手力量练习

特殊训练板块

动作要点

 身体呈单腿运动姿站立，背部挺直，腹部收紧，双臂位于身体两侧。

 双臂快速向上摆动，并向前上跳起。

 同侧腿落地支撑，呈单腿运动姿，注意膝盖不要超过脚尖，并保持身体稳定。

 回到起始姿势，并完成规定的次数。

纵向 - 异侧腿跳 - 呈稳定性支撑

训练部位	**全身**
主要肌肉	**无**
训练板块	**动作技能整合**
训练目标	**强化基本动作模式**

双臂向上摆动

双臂不可摆动

动作要点

 身体呈单腿运动姿站立，背部挺直，腹部收紧，双臂位于身体两侧。

 双臂快速向上摆动，并向前上跳起。

 异侧腿落地支撑，呈单腿运动姿，注意膝盖不要超过脚尖，并保持身体稳定。

 回到起始姿势，并完成规定的次数。

横向 - 同侧腿跳 - 呈稳定性支撑（向起跳腿踝内侧方向）

训练部位　**全身**

主要肌肉　**无**

训练板块　**动作技能整合**

训练目标　**强化基本动作模式**

动作要点

 身体呈单腿运动姿站立，背部挺直，腹部收紧，双臂位于身体两侧。

 双臂快速向上摆动，并向支撑腿脚踝内侧方向跳起。

 同侧腿落地支撑，呈单腿运动姿，注意膝盖不要超过脚尖，并保持身体稳定。

 回到起始姿势，并完成规定的次数。

基本动作模式

徒手力量练习

特殊训练板块

横向 - 同侧腿跳 - 呈稳定性支撑（向起跳腿踝外侧方向）

训练部位 **全身**

主要肌肉 **无**

训练板块 **动作技能整合**

训练目标 **强化基本动作模式**

动作要点

 身体呈单腿运动姿站立，背部挺直，腹部收紧，双臂位于身体两侧。

 双臂快速向上摆动，并向支撑腿脚踝外侧方向跳起。

 同侧腿落地支撑，呈单腿运动姿，注意膝盖不要超过脚尖，并保持身体稳定。

 回到起始姿势，并完成规定的次数。

横向 - 异侧腿跳 - 呈稳定性支撑（向起跳腿踝内侧方向）

训练部位　**全身**

主要肌肉　**无**

训练板块　**动作技能整合**

训练目标　**强化基本动作模式**

动作要点

1 身体呈单腿运动姿站立，背部挺直，腹部收紧，双臂位于身体两侧。

2 双臂快速向上摆动，并向支撑腿脚踝内侧方向跳起。

3 异侧腿落地支撑，呈单腿运动姿，注意膝盖不要超过脚尖，并控制身体平衡。

↻ 回到起始姿势，并完成规定的次数。

基本动作模式

徒手力量练习

特殊训练板块

横向 - 异侧腿跳 - 呈稳定性支撑（向起跳腿踝外侧方向）

训练部位　**全身**

主要肌肉　**无**

训练板块　**动作技能整合**

训练目标　**强化基本动作模式**

动作要点

 身体呈单腿运动姿站立，背部挺直，腹部收紧，双臂位于身体两侧。

 双臂快速向上摆动，并向支撑腿脚踝外侧方向跳起。

 异侧腿落地支撑，呈单腿运动姿，注意膝盖不要超过脚尖，并控制身体平衡。

 回到起始姿势，并完成规定的次数。

旋转跳90度 - 呈稳定性支撑

训练部位　**全身**

主要肌肉　**无**

训练板块　**动作技能整合**

训练目标　**强化基本动作模式**

动作要点

1 身体呈直立站姿，双腿分开站立。背部挺直，挺胸收腹，目视前方，微收下颌，双臂自然垂于身体两侧。

2 保持背部挺直，腹部收紧，快速下蹲后，双臂快速向上摆动，双脚蹬地向上跳起，同时使身体向右方（或左方）旋转90度。

3 双脚落地支撑，呈基本运动姿，注意膝盖不要超过脚尖，并保持身体稳定。

↻ 回到起始姿势，并完成规定的次数。

旋转跳180度 - 呈稳定性支撑

训练部位 **全身**

主要肌肉 **无**

训练板块 **动作技能整合**

训练目标 **强化基本动作模式**

动作要点

1 身体呈基本运动姿站立，背部挺直，腹部收紧，双臂自然收于身体两侧。下蹲呈起跳姿势。

2 双臂快速向上摆动，双脚蹬离地面，身体向右方（或左方）旋转180度。

3 双脚落地支撑，呈基本运动姿，注意膝盖不要超过脚尖，并保持身体稳定。

↻ 回到起始姿势，并完成规定的次数。

3.2 徒手力量练习

3.2.1 俯撑练习

俯卧撑

训练部位　上肢、核心

主要肌肉　胸大肌、三角肌前束、肱三头肌和核心肌群等

训练板块　徒手力量

训练目标　提高基础上肢力量

动作要点

 身体呈四点支撑的俯撑姿势（双手和双脚脚尖着地），双臂伸直，双手距离略比肩宽，保持身体在一条直线上。

 保持腹部收紧，屈肘，使身体下落至胸部几乎碰到地面。

 快速推起身体，回到起始姿势，重复规定的次数。

呈一条直线

基本动作模式

徒手力量练习

特殊训练板块

跪姿俯卧撑

训练部位　**上肢、核心**

主要肌肉　**胸大肌、三角肌前束和肱三头肌等**

训练板块　**徒手力量**

训练目标　**提高基础上肢力量**

动作要点

 身体呈四点支撑的俯撑姿势（双手和双膝着地），双臂伸直，双手距离略比肩宽，保持身体从头到膝部在一条直线上。

 保持腹部收紧，屈肘，使身体下落至胸部几乎碰到地面。

 快速推起身体，回到起始姿势，重复规定的次数。

呈一条直线

俯卧撑 - 印度式

训练部位　**上肢、核心**

主要肌肉　**胸大肌、三角肌前束、肱三头肌、肩部肌肉、腹肌、股四头肌和核心肌群**

训练板块　**徒手力量**

训练目标　**提高徒手力量**

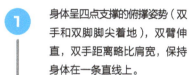

动作要点

1 身体呈四点支撑的俯撑姿势（双手和双脚脚尖着地），双臂伸直，双手距离略比肩宽，保持身体在一条直线上。

2 头部抬起，髋部慢慢下沉，保持双臂伸直，身体呈反弓形。

3 双手推地，使髋部慢慢上移，至手臂与躯干保持在一条直线上，身体呈倒∨字形。

↻ 回到起始姿势，重复以上步骤，并完成规定的次数。

1 呈一条直线

2

3 ↻

基本动作模式

徒手力量练习

特殊训练板块

俯卧撑 - T字

训练部位 　上肢、核心

主要肌肉 　胸大肌、三角肌前束、肱三头肌、前锯肌、腹直肌、腹横肌、腹内外斜肌和股四头肌等

训练板块 　徒手力量

训练目标 　提高基础上肢力量，发展核心稳定性

注意事项 　保持身体在一条直线上，避免塌腰

呈一条直线

动作要点

 身体呈四点支撑的俯撑姿势（双手和双脚脚尖着地），双臂伸直，双手距离略比肩宽，保持身体在一条直线上。

 保持腹部收紧，屈肘，使身体下落至胸部几乎碰到地面。

 保持一侧手撑地，另一侧手臂向上打开，至双臂约呈一条直线，并尽量使其垂直于地面。

 放下抬起的手臂，回到起始姿势，换至对侧，重复以上步骤，并完成规定的次数。

基 本 动 作 模 式

徒 手 力 量 练 习

特 殊 训 练 板 块

平板支撑

训练部位　脊柱、躯干

主要肌肉　核心肌群、肩部肌群

训练板块　脊柱力量

训练目标　发展脊柱力量，提高脊柱稳定性，提高核心稳定性

动作要点

身体呈四点支撑的俯撑姿势（双手和双脚脚尖着地），保持双手位于肩部的正下方，距离与肩同宽，双臂伸直。双脚并拢，脚尖触地支撑。整个动作过程中保持背部挺直，腹部收紧。保持动作至规定的时间。

保持背部挺直

平板支撑 - 单臂上举

训练部位　脊柱、核心和肩关节
主要肌肉　核心肌群、三角肌和股四头肌
训练板块　脊柱力量
训练目标　发展脊柱力量，提高脊柱稳定性，提高核心稳定性

动作要点

 身体呈四点支撑的俯撑姿势（双手和双脚脚尖着地），保持双手位于肩部的正下方，距离与肩同宽，双臂伸直。双脚并拢，脚尖触地支撑。

 保持腹部收紧，抬一侧手臂沿耳朵向前伸直，至大约与地面平行，保持另一侧手触地支撑。

 保持动作至规定的时间，对侧亦然。

基本动作模式

徒手力量练习

特殊训练板块

保持背部挺直

平板支撑 - 单腿上举

训练部位 **脊柱、核心和肩关节**

主要肌肉 **核心肌群、三角肌和股四头肌**

训练板块 **脊柱力量**

训练目标 **发展脊柱力量，提高脊柱稳定性，提高核心稳定性**

动作要点

 身体呈四点支撑的俯撑姿势（双手和双脚脚尖着地），保持双手位于肩部的正下方，距离与肩同宽，双臂伸直。双脚并拢，脚尖触地支撑。

 保持腹部收紧，双臂伸直，抬一侧腿至大约与地面平行。

 保持动作至规定的时间，对侧亦然。

保持背部挺直

平板支撑 - 对侧上举

训练部位　**脊柱**

主要肌肉　**核心肌群、肩部肌肉、臀大肌和股四头肌**

训练板块　**脊柱力量**

训练目标　**发展脊柱力量，提高脊柱稳定性和核心稳定性**

动作要点

　身体呈四点支撑的俯撑姿势（双手和双脚脚尖着地），保持双手位于肩部的正下方，距离与肩同宽，双臂伸直。双脚并拢，脚尖触地支撑。

　保持背部挺直，腹部收紧，抬一侧手臂沿耳朵向前伸直，至大约与地面平行，同时抬对侧腿。

🔄　保持动作至规定的时间，对侧亦然。

基本动作模式

徒手力量练习

特殊训练板块

①

保持背部挺直

② 🔄

平板支撑 - 上下支撑

训练部位　**脊柱、核心**

主要肌肉　**核心肌群、肩部肌肉和股四头肌**

训练板块　**脊柱力量**

训练目标　**发展脊柱力量，提高脊柱稳定性，提高核心肌群稳定性**

动作要点

1 身体呈四点支撑的俯撑姿势（双手和双脚脚尖着地），保持双手位于肩部的正下方，距离与肩同宽，双臂伸直。双脚并拢，脚尖触地支撑。

2 保持腹部收紧，屈一侧手肘弯曲90度，前臂触地支撑，上臂约与地面垂直。

3 接着，屈另一侧手肘弯曲90度，重复动作要点2的动作。

4 抬起先触地的手臂，呈手掌撑地。

5 接着抬起后触地的手臂，呈双手触地支撑姿势。

↻ 回到起始姿势，重复以上步骤，并完成规定的次数。

基本动作模式

徒手力量练习

特殊训练板块

平板支撑 - 动态前屈髋

训练部位　**脊柱**

主要肌肉　**肩部肌肉、核心肌群、股四头肌和髂腰肌**

训练板块　**脊柱力量**

训练目标　**发展脊柱力量，提高脊柱稳定性，发展核心稳定性**

动作要点

1 身体呈四点支撑的俯撑姿势（双手和双脚脚尖着地），保持双手位于肩部的正下方，距离与肩同宽，双臂伸直。双脚并拢，脚尖触地支撑。

2 保持腹部收紧，一侧腿屈髋屈膝至髋部下方，然后向后回到起始姿势。

↻ 换至对侧，重复以上步骤，并完成规定的次数。

平板支撑 - 单臂侧平举

训练部位　脊柱

主要肌肉　核心肌群、肩部肌肉和股四头肌

训练板块　脊柱力量

训练目标　发展脊柱力量，提高脊柱稳定性，发展核心肌群稳定性

注意事项　在练习中保持躯干稳定，避免耸肩和塌腰

动作要点

 身体呈四点支撑的俯撑姿势（双手和双脚脚尖着地），保持双手位于肩部的正下方，距离与肩同宽，双臂伸直。双脚分开，脚尖触地支撑。

 保持腹部收紧，抬一侧手臂侧平举。

 保持动作至规定的时间，对侧亦然。

基本动作模式

徒手力量练习

特殊训练板块

平板支撑 – 动态侧屈髋

训练部位	脊柱
主要肌肉	核心肌群、髂腰肌和股四头肌
训练板块	脊柱力量
训练目标	发展脊柱力量，提高脊柱稳定性，发展核心稳定性，提高核心力量
注意事项	在练习中，保持躯干稳定，脚尖上勾

1

2

动作要点

 身体呈四点支撑的俯撑姿势（双手和双脚脚尖着地），保持双手位于肩部的正下方，距离与肩同宽，双臂伸直。双脚并拢，脚尖触地支撑。

 保持腹部收紧，一侧腿屈髋屈膝并外展至髋部一侧，然后回到起始姿势。

 换至对侧，重复以上步骤，并完成规定的次数。

基本动作模式

徒手力量练习

特殊训练板块

保持背部挺直

俯桥 - 单腿上举

训练部位 **脊柱**

主要肌肉 **核心肌群和臀大肌**

训练板块 **脊柱力量**

训练目标 **发展脊柱力量，提高脊柱稳定性，发展核心稳定性，提高核心力量**

动作要点

 身体呈四点支撑的俯撑姿势（双肘和双脚脚尖着地），保持双肘位于肩部的正下方。双脚脚尖触地支撑。

 保持背部挺直，腹部收紧，抬一侧腿至大约与地面平行。

保持动作至规定时间，对侧亦然。

保持背部挺直

俯桥 - 单臂上举

训练部位　　**脊柱**

主要肌肉　　**核心肌群**

训练板块　　**脊柱力量**

训练目标　　**发展脊柱力量，提高脊柱
　　　　　　稳定性，提高核心稳定性，
　　　　　　提高肩关节稳定性**

动作要点

 身体呈四点支撑的俯撑姿势（双肘
和双脚脚尖着地），保持双肘位于肩
部的正下方。双脚脚尖触地支撑。

 保持背部挺直，腹部收紧，抬一侧
手臂沿耳朵向前伸直，至大约与地
面平行。

↻ 保持动作至规定时间，对侧亦然。

1

保持背部挺直

2 ↻

基本动作模式

徒手力量练习

特殊训练板块

俯桥 - 对侧上举

训练部位 **脊柱**

主要肌肉 **核心肌群、臀肌和肩部肌群**

训练板块 **脊柱力量**

训练目标 **发展脊柱力量，提高脊柱稳定性，发展核心肌群稳定性**

动作要点

 身体呈四点支撑的俯撑姿势（双肘和双脚脚尖着地），保持双肘位于肩部的正下方。双脚脚尖触地支撑。

 保持背部挺直，腹部收紧，抬一侧手臂沿耳朵向前伸直，至大约与地面平行，同时抬对侧腿。

保持动作至规定的时间，对侧亦然。

① 保持背部挺直

②

俯桥 - 转体

训练部位　**脊柱**

主要肌肉　**核心肌群和肩部肌群**

训练板块　**脊柱力量**

训练目标　**发展脊柱力量，提高脊柱稳定性，提高核心稳定性**

动作要点

1 身体呈四点支撑姿势（双肘和双脚脚尖着地），保持双肘位于肩部的正下方，距离与肩同宽。双脚脚尖触地支撑。

2 保持背部挺直，腹部收紧，一侧手臂作为支撑臂，抬另一侧手臂向上打开，同时身体转向打开侧，双脚侧面触地支撑。非支撑臂伸直，使其尽量与支撑臂的上臂保持在一条直线上。眼睛看向非支撑手。

↻ 保持动作至规定的时间，对侧亦然。

1

2 ↻

基本动作模式

徒手力量练习

特殊训练板块

平板支撑 - 转体

动作要点

 身体呈四点支撑的俯撑姿势（双手和双脚脚尖着地），保持双手位于肩部的正下方，双臂伸直。双脚脚尖触地支撑。

 保持背部挺直，腹部收紧，一侧手臂作为支撑臂，抬另一侧手臂向上打开，同时身体转向打开侧，双脚侧面触地支撑（一只脚是脚踝内侧，一只脚是脚踝外侧）。保持双臂伸直，尽量使其保持在一条直线上。眼睛看向非支撑手。

 保持动作至规定的时间，对侧亦然。

训练部位	脊柱
主要肌肉	核心肌群和肩部肌群
训练板块	脊柱力量
训练目标	发展脊柱力量，提高脊柱稳定性，提高核心稳定性，提高核心力量

3.2.2 侧撑练习

侧平板支撑 - 屈膝

训练部位　脊柱

主要肌肉　核心肌群和肩部肌群

训练板块　脊柱力量

训练目标　发展脊柱力量，提高脊柱稳定性，提高核心稳定性

注意事项　保持躯干和大腿在一条直线上

动作要点

 身体呈侧卧姿，双腿屈膝触地支撑，触地侧手臂伸直，支撑于肩部正下方。另一侧手扶髋部。

 保持背部挺直，腹部收紧，抬起髋部，至躯干与大腿呈一条直线。

 保持动作至规定的时间，对侧亦然。

呈一条直线

侧平板支撑 - 分腿

训练部位　**脊柱**

主要肌肉　**核心肌群、腰方肌和肩部肌群**

训练板块　**脊柱力量**

训练目标　**发展脊柱力量，提高脊柱稳定性，提高核心稳定性**

动作要点

1 身体呈侧卧姿，双腿伸直，双脚分开侧面触地支撑（一只脚是脚踝内侧，一只脚是脚踝外侧），触地侧手臂伸直，支撑于肩部下方。另一侧手扶髋部。

2 保持背部挺直，腹部收紧，双脚着地，抬起髋部，至躯干与双腿呈一条直线。

↻ 保持动作至规定的时间，对侧亦然。

1

2 **↻**

呈一条直线

侧平板支撑 - 并腿

训练部位　**脊柱**

主要肌肉　**核心肌群、腰方肌和肩部肌群**

训练板块　**脊柱力量**

训练目标　**发展脊柱力量，提高脊柱稳定性，提高核心稳定性**

动作要点

 身体呈侧卧姿，双腿伸直，双脚并拢侧面触地支撑（一只脚侧面着地），触地侧手臂伸直，支撑于肩部下方。另一侧手扶髋部。

 保持背部挺直，腹部收紧，单脚着地，抬起髋部，至躯干与双腿呈一条直线。

 保持动作至规定的时间，对侧亦然。

基本动作模式

徒手力量练习

①

② ↻

呈一条直线

特殊训练板块

侧平板支撑 - 抬腿 - 动态

训练部位 **脊柱**

主要肌肉 **核心肌群、臀中肌和肩部肌群**

训练板块 **脊柱力量**

训练目标 **发展脊柱力量，提高脊柱稳定性，提高核心肌群稳定性**

动作要点

 身体呈侧卧姿，双腿伸直，双脚并拢侧面触地支撑（一只脚侧面着地），触地侧手臂伸直，支撑于肩部下方。另一侧手扶髋部。

 保持背部挺直，腹部收紧，抬起髋部至躯干与双腿呈一条直线。

 抬起非支撑侧腿保持 1~2 秒，然后落下至双脚并拢。

重复以上步骤，并完成规定的次数，对侧亦然。

呈一条直线

侧桥 - 分腿

训练部位　脊柱

主要肌肉　核心肌群和肩部肌群

训练板块　脊柱力量

训练目标　发展脊柱力量，提高脊柱稳定性，提高核心肌群稳定性

动作要点

 身体呈侧卧姿，双腿伸直，双脚分开侧面触地支撑（一只脚是脚踝内侧，一只脚是脚踝外侧），触地侧肘关节弯曲90度，前臂触地支撑，肘部位于肩部下方。

 保持背部挺直，腹部收紧，双脚着地，抬起髋部至躯干与双腿呈一条直线。

 保持动作至规定时间，对侧亦然。

呈一条直线

侧桥 - 并腿

训练部位　**脊柱**

主要肌肉　**核心肌群**

训练板块　**脊柱力量**

训练目标　**发展脊柱力量，提高脊柱稳定性，提高核心肌群稳定性**

动作要点

 身体呈侧卧姿，双腿伸直，双脚并拢侧面触地支撑（一只脚侧面着地），触地侧肘关节弯曲90度，前臂触地支撑，肘部位于肩部下方。

 保持背部挺直，腹部收紧，单脚着地，抬起髋部至躯干与双腿呈一条直线。

 保持动作至规定的时间，对侧亦然。

1

2

呈一条直线

侧桥 - 抬腿 - 静态

训练部位　脊柱

主要肌肉　核心肌群、臀中肌和肩部肌群

训练板块　脊柱力量

训练目标　发展脊柱力量，提高脊柱稳定性，提高核心肌群稳定性

动作要点

 身体呈侧卧姿，双腿伸直，双脚并拢侧面触地支撑（一只脚侧面着地），触地侧肘关节弯曲90度，前臂触地支撑，肘部位于肩部下方。

 保持背部挺直，腹部收紧，单脚着地，抬起髋部至躯干与双腿呈一条直线。

 抬起非支撑侧腿。

 保持动作至规定的时间，对侧亦然。

基本动作模式

徒手力量练习

特殊训练板块

呈一条直线

侧桥 - 抬腿 - 动态

训练部位　**脊柱**

主要肌肉　**核心肌群、臀中肌和肩部肌群**

训练板块　**脊柱力量**

训练目标　**发展脊柱力量，提高脊柱稳定性，强化核心肌群稳定性**

动作要点

1 身体呈侧卧姿，双腿伸直，双脚并拢侧面触地支撑（一只脚侧面着地），触地侧肘关节弯曲90度，前臂触地支撑，肘部位于肩部下方。

2 保持背部挺直，腹部收紧，单脚着地，抬起髋部至躯干与双腿呈一条直线。

3 抬起非支撑侧腿保持 1~2 秒，然后落下至双脚并拢。

↻ 重复以上步骤，并完成规定的次数，对侧亦然。

呈一条直线

侧桥-抬腿-上腿军步屈髋

训练部位　**脊柱**

主要肌肉　**核心肌群、股四头肌和髂腰肌**

训练板块　**脊柱力量**

训练目标　**发展脊柱力量，提高脊柱稳定性，强化核心肌群稳定性**

动作要点

1 身体呈侧卧姿，双腿伸直，双脚并拢侧面触地支撑（一只脚侧面着地），触地侧肘关节弯曲90度，前臂触地支撑，肘部位于肩部下方。

2 保持背部挺直，腹部收紧，单脚着地，抬起髋部至躯干与双腿呈一条直线。

3 非支撑腿屈髋屈膝至大腿与躯干垂直，呈军步。

↻ 保持动作至规定的时间，对侧亦然。

基本动作模式

徒手力量练习

特殊训练板块

3.2.3 跪撑练习

跪撑 - 屈膝伸髋

训练部位　脊柱

主要肌肉　核心肌群、臀大肌和腘绳肌

训练板块　脊柱力量

训练目标　发展脊柱力量，提高脊柱稳定性，强化核心稳定性

动作要点

1 俯身屈髋呈双手双膝跪姿，双臂伸直，双手触地支撑。双腿屈髋屈膝跪于地面，保持双膝位于髋部正下方。

2 背部挺直，腹部收紧，保持身体稳定的同时，向后向上抬起一侧腿，至大腿大约与躯干在一条直线上。

↻ 回到起始姿势，重复以上步骤，并完成规定的次数，对侧亦然。

1

保持背部挺直

2 **↻**

跪撑－髋外展

训练部位　　**脊柱**

主要肌肉　　**核心肌群和臀中肌**

训练板块　　**脊柱力量**

训练目标　　**发展脊柱力量，提高脊柱稳定性，发展核心稳定性**

动作要点

 俯身屈髋呈双手双膝跪姿，双臂伸直，双手触地支撑。双腿屈髋屈膝跪于地面，保持双膝位于髋部正下方。

 背部挺直，腹部收紧，保持身体稳定的同时，抬起一侧腿并外展至髋部一侧。

 回到起始姿势，重复以上步骤，并完成规定的次数，对侧亦然。

1

保持背部挺直 ⇢

2 ↻

跪撑 - 肘膝触碰

训练部位　**脊柱**

主要肌肉　**核心肌群、股四头肌、肩部肌群和腘绳肌**

训练板块　**脊柱力量**

训练目标　**发展脊柱力量，提高脊柱稳定性，强化核心肌群稳定性**

动作要点

 俯身屈髋呈双手双膝跪姿，双臂伸直，双手触地支撑。双腿屈髋屈膝跪于地面，保持双膝位于髋部正下方。

 保持背部挺直，腹部收紧，抬一侧手臂沿耳朵向前伸直，至大约与地面平行，同时抬对侧腿至大约与地面平行。

 保持支撑手肩关节和腿的稳定，非支撑侧屈肘屈膝，让肘部碰触到膝部。

 回到起始姿势，重复以上步骤，并完成规定的次数，对侧亦然。

3.2.4 下蹲练习

徒手蹲

训练部位	**下肢和核心**
主要肌肉	**股四头肌、臀大肌、腘绳肌和核心肌群等**
训练板块	**力量**
训练目标	**发展下肢基础力量**
注意事项	**保持躯干挺直，避免膝内扣和塌腰**

动作要点

1. 身体呈直立站姿。双脚分开，挺胸收腹，下颌微收，双手自然垂于身体两侧。

2. 保持背部挺直，屈髋屈膝下蹲，同时双臂伸直前伸做前平举，膝关节尽量不要超过脚尖。

回到起始姿势，重复以上步骤，并完成规定的次数。

基本动作模式

徒手力量练习

特殊训练板块

徒手蹲 - 侧弓步蹲

训练部位	下肢
主要肌肉	股四头肌、内收肌、臀肌、腘绳肌和小腿三头肌等
训练板块	力量
训练目标	发展下肢基础力量、平衡性，以及髋关节灵活性
注意事项	保持膝盖正对脚尖方向，躯干挺直，注意重心的移动

动作要点

 身体呈直立站姿。双脚分开，挺胸收腹，下颌微收，双手自然垂于身体两侧，保持背部挺直。

 保持一只脚位置不动，另一条腿向侧面迈出一步，屈髋屈膝下蹲，同时双臂伸直前伸做前平举。

 回到起始姿势，重复以上步骤，并完成规定的次数。

徒手蹲 - 单腿

训练部位　**下肢**

主要肌肉　**股四头肌、臀大肌、腘绳肌和小腿三头肌等**

训练板块　**力量**

训练目标　**提高下肢力量，发展平衡性**

注意事项　**青少年因力量和稳定性较差，下蹲幅度应根据个人情况而定，在自己无疼痛的活动度中进行练习**

动作要点

 身体呈直立立姿，单腿站立，挺胸收腹，下颌微收，双手自然垂于身体两侧。

 保持背部挺直，支撑腿屈髋屈膝下蹲，同时双臂伸直前伸做前平举。

 回到起始姿势，重复以上步骤，并完成规定的次数。

基本动作模式

徒手力量练习

特殊训练板块

徒手蹲 - 双脚跳

训练部位　**下肢**

主要肌肉　**股四头肌、臀肌、腘绳肌和小腿三头肌等**

训练板块　**力量**

训练目标　**提高下肢爆发力**

注意事项　**避免塌腰、膝内扣，注意屈髋缓冲**

动作要点

 身体呈直立姿，双脚分开略大于肩宽，挺胸收腹，下颌微收，双手交叉抱头。

 保持背部挺直，腹部收紧，屈髋屈膝下蹲。

双脚蹬地发力，快速向上跳起。回到起始姿势，重复以上步骤，并完成规定的次数。

徒手蹲 - 相扑式

训练部位　**下肢**

主要肌肉　**股四头肌、臀大肌、腘绳肌**
　　　　　和核心肌群等

训练板块　**力量**

训练目标　**下肢力量**

动作要点

 身体呈直立姿，双脚分开略大于肩宽，脚尖向外约30度，挺胸收腹，下颌微收，双手自然垂于身体两侧。

 保持背部挺直，腹部收紧，屈髋屈膝做完全下蹲。

 快速站起，回到起始姿势，重复以上步骤，并完成规定的次数。

分腿蹲 - 原地

训练部位　**下肢**

主要肌肉　**股四头肌、臀大肌和腘绳肌等**

训练板块　**力量**

训练目标　**提高下肢力量、耐力和平衡**

动作要点

1 身体呈前后分腿姿站立，重心较多保持在前侧腿，挺胸收腹，下颌微收，双手叉腰。

2 保持背部挺直，腹部收紧，双腿屈膝至前侧腿的大腿与地面平行，后侧腿的膝盖几乎触地。

↻ 后侧腿蹬地发力，回到起始姿势，重复以上步骤，并完成规定的次数，对侧亦然。

分腿蹲 - 动态

训练部位　**下肢**

主要肌肉　**股四头肌、臀大肌和腘绳肌等**

训练板块　**力量**

训练目标　**提高下肢力量和平衡**

动作要点

 身体呈直立姿站立，双腿分开，距离小于肩宽，挺胸收腹，下颌微收，双手叉腰。

 保持背部挺直，腹部收紧，一只脚向前迈步的同时双腿屈膝至前侧腿的大腿与地面平行，后侧腿膝部几乎触地。

 后侧腿蹬地发力，回到起始姿势，换对侧重复以上步骤，并完成规定的次数。

基本动作模式　徒手力量练习　特殊训练板块

分腿蹲

训练部位 下肢

主要肌肉 股四头肌、臀肌和腘绳肌等

训练板块 力量

训练目标 强化下肢力量和平衡

动作要点

 身体呈直立姿站立，双腿分开，距离小于肩宽，挺胸收腹，下颌微收，双手叉腰。

 保持背部挺直，腹部收紧，一只脚向前迈一大步的同时前侧腿屈髋屈膝至大腿与地面平行，后侧腿蹬地伸直。

 后侧腿蹬地发力，回到起始姿势，换对侧重复以上步骤，并完成规定的次数。

3.2.5 弓步练习

弓步 - 早安式

训练部位　下肢

主要肌肉　股四头肌、臀肌和腘绳肌等

训练板块　力量

训练目标　提高下肢力量和平衡性

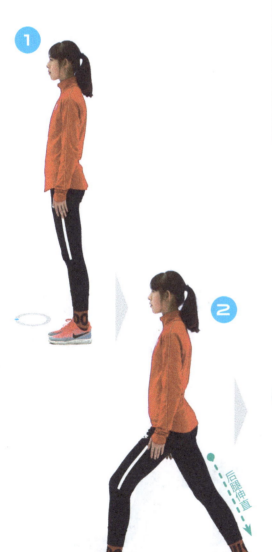

动作要点

1 身体呈直立姿站立，双腿分开，距离小于肩宽，挺胸收腹，下颌微收，双臂自然垂于身体两侧。

2 保持一只脚位置不动，另一侧的腿向前方迈出呈弓步，后侧腿蹬直。

3 俯身至躯干大致与地面平行，双臂自然垂于肩部下方。

↻ 回到起始姿势，换对侧重复以上步骤，并完成规定的次数。

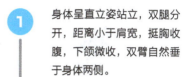

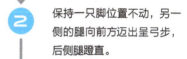

后腿伸直

基本动作模式

徒手力量练习

特殊训练板块

弓步跳

训练部位　**下肢**

主要肌肉　**股四头肌、臀肌、腘绳肌和小腿三头肌等**

训练板块　**力量**

训练目标　**强化下肢爆发力、快速力量，以及身体协调性**

动作要点

1 双腿前后分开站立，下蹲，前侧腿的大腿与地面平行，后侧腿膝部几乎触地，呈弓箭步。挺胸收腹，下颌微收，双手放在身体两侧，自然摆放。

2 双脚蹬地发力向上跳起，并交换双腿的前后位置。

3 落地后，重复以上步骤，并完成规定的次数。

支点弓步蹲

训练部位	下肢
主要肌肉	股四头肌、臀肌、腘绳肌、腓肠肌和比目鱼肌等
训练板块	力量、平衡和柔韧
训练目标	提高下肢耐力

动作要点

 身体呈前后分腿蹲姿势。前侧腿的大腿与地面平行，后侧腿膝部几乎触地，重心偏向身体前侧。挺胸收腹，下颌微收，双手扶髋。

 双腿发力蹬地起身并向后侧腿方向转体，呈站立姿。

 继续转体下蹲，呈前后分腿蹲姿势，与起始姿势呈镜像。

 重复以上步骤，并完成规定的次数。

基本动作模式

徒手力量练习

特殊训练板块

3.2.6　臀桥练习

标准臀桥 - 静态

训练部位　**脊柱**

主要肌肉　**核心肌群、臀大肌和腘绳肌**

训练板块　**力量**

训练目标　**发展脊柱力量，提高脊柱稳定性及髋部力量，提高核心稳定性，发展大腿后群肌力量**

> **动作要点**
>
> 身体呈仰卧姿，双腿屈膝，脚尖勾起，脚跟着地，双手放在身体两侧，自然摆放。腹部和臀部收紧，抬起髋部至躯干与大腿在一条直线上。保持动作至规定时间。

呈一条直线

标准臀桥 - 动态

训练部位　下肢

主要肌肉　核心肌群、臀大肌和腘绳肌等

训练板块　力量

训练目标　发展核心力量和稳定性，发展大腿后群肌力量

动作要点

 身体呈仰卧姿，双腿屈膝，脚尖勾起，脚跟着地，双手放在身体两侧，自然摆放。

 腹部和臀部收紧，抬起髋部至躯干与大腿在一条直线上。保持1~2秒。

 回到起始姿势，并完成规定的次数。

基本动作模式

徒手力量练习

特殊训练板块

呈一条直线

臀桥 - 军步伸膝 - 静态

训练部位　**核心**

主要肌肉　**核心肌群、臀大肌和腘绳肌**

训练板块　**力量**

训练目标　**发展核心力量，提高大腿后群肌力量，提高身体稳定性、髋部力量和身体平衡性**

动作要点

身体呈仰卧姿，双腿屈膝，脚尖勾起，脚跟着地，双手放在身体两侧，自然摆放。保持身体稳定，抬一侧腿并伸直。腹部和臀部收紧，抬起髋部至躯干与大腿在一条直线上。保持动作至规定的时间，对侧亦然。

呈一条直线

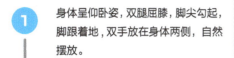

动作要点

1 身体呈仰卧姿，双腿屈膝，脚尖勾起，脚跟着地，双手放在身体两侧，自然摆放。

2 保持身体稳定，抬一侧腿并伸直。

3 腹部和臀部收紧，抬起髋部至躯干与膝部在一条直线上。2~5秒后，髋部慢慢落地，并保持抬起腿伸直。

↻ 重复以上步骤，并完成规定的次数，对侧亦然。

臀桥 - 军步伸膝 - 动态

训练部位　**核心**

主要肌肉　**核心肌群、臀大肌和腘绳肌**

训练板块　**力量**

训练目标　**发展核心力量，提高身体稳定性及髋部力量，提高核心稳定性，提高大腿后群肌力量**

基本动作模式

徒手力量练习

特殊训练板块

呈一条直线

臀桥 - 军步屈髋 - 静态

训练部位　**核心**

主要肌肉　**核心肌群、臀大肌和腘绳肌**

训练板块　**力量**

训练目标　**发展核心力量，提高身体稳定性及髋部力量，提高大腿后群肌力量**

动作要点

身体呈仰卧姿，双腿屈膝，脚尖勾起，脚跟着地，双手放在身体两侧，自然摆放。保持身体稳定，一侧腿屈髋屈膝抬起至大腿接近与躯干垂直。腹部和臀部收紧，抬起髋部至躯干与支撑腿的大腿在一条直线上。保持动作至规定的时间，对侧亦然。

臀桥 - 军步屈髋 - 动态

训练部位　**核心**

主要肌肉　**核心肌群、臀大肌和腘绳肌群**

训练板块　**力量**

训练目标　**发展核心力量，提高身体稳定性及髋部力量，提高大腿后群肌力量**

基本动作模式

动作要点

 身体呈仰卧姿，一侧腿屈膝，脚尖勾起，脚跟着地。另一侧腿屈髋屈膝至小腿与地面平行。双手放在身体两侧，自然摆放。

 腹部和臀部收紧，抬起髋部至躯干与支撑腿的大腿在一条直线上。2～5秒后，髋部慢慢落地，并保持非支撑腿髋屈膝。

 重复以上步骤，并完成规定的次数，对侧亦然。

徒手力量练习

特殊训练板块

臀桥 - 军步屈髋 - 动态交替

训练部位　**核心**

主要肌肉　**核心肌群、臀大肌和腘绳肌**

训练板块　**力量**

训练目标　**发展核心力量，提高身体稳定性及髋部力量，提高下肢稳定性及大腿后群肌力量**

动作要点

1 身体呈仰卧姿，双腿屈膝，脚尖勾起，脚跟着地，双手放在身体两侧，自然摆放。

2 一侧腿屈髋至小腿与地面平行。

3 腹部和臀部收紧，抬起髋部至躯干与支撑腿的大腿在一条直线上。保持髋部抬起，放下抬起一侧的腿，换对侧腿进行同样动作。

↻ 髋部慢慢落地，回到起始姿势。完成规定次数。

臀桥 - 抱膝式

训练部位　**核心、臀部**

主要肌肉　**核心肌群、臀大肌、股四头肌和腘绳肌群**

训练板块　**力量**

训练目标　**发展核心力量，激活臀部，提高大腿后群肌力量**

动作要点

 身体呈仰卧姿势，一侧腿屈膝，脚跟触地支撑。另一侧腿屈髋屈膝抬起，双手抱住非支撑腿的膝部。

 腹部和臀部收紧，抬起髋部至躯干与支撑腿的大腿在一条直线上。

 完成规定的时间或次数，对侧亦然。

1

2

基本动作模式

徒手力量练习

特殊训练板块

3.2.7　侧卧练习

侧卧 - 直膝髋外展

训练部位　**臀部**

主要肌肉　**臀中肌**

训练板块　**力量**

训练目标　**发展髋部力量，提高核心区稳定性，提高外展肌群力量**

动作要点

① 身体呈侧卧姿，触地侧手臂弯曲置于头部下方，非触地侧手扶住髋关节外侧，双腿伸直，双脚并拢，脚尖勾起。

② 腹部和臀部收紧，髋部外展肌群发力使非触地侧的腿抬起，并保持 1~2 秒。

↻ 回到起始姿势，重复以上步骤，并完成规定的次数，对侧亦然。

侧卧 - 屈膝髋外旋

训练部位　**臀部**
主要肌肉　**髋关节外旋肌群**
训练板块　**力量**
训练目标　**发展髋部力量，提高身体稳定性及髋部力量，提高外旋肌群力量**

动作要点

1 身体呈侧卧姿，触地侧手臂弯曲置于头部下方，非触地侧手扶住髋关节外侧，双腿并拢屈膝，脚尖勾起。

2 腹部和臀部收紧，保持双脚接触，髋部外旋肌群发力使非触地侧的腿抬起，并保持1~2秒。

↻ 回到起始姿势，重复以上步骤，并完成规定的次数，对侧亦然。

基本动作模式

徒手力量练习

特殊训练板块

1

2 ↻

3.3 特殊训练板块

3.3.1 神经激活练习

双脚前后跳

训练部位	**全身**
主要肌肉	**下肢肌群**
训练板块	**神经激活**
训练目标	**唤醒并激活神经，提高运动效率，提高快速募集肌纤维速度**
注意事项	**运动时脚不要拖地，注意髋关节、膝关节和踝关节发力**

动作要点

1 身体呈运动姿站立，双臂微屈收于身体两侧，重心位于前脚掌。

2 保持背部挺直，腹部收紧，有节奏且连续地向前、向后快速小跳。双脚前脚掌着地后再次迅速跳起。

3 控制节奏由慢变快，至最快速度，并尽可能保持几秒再减速。跳跃过程中双臂自然前后摆动。跳跃结束后可以继续向前跑动5 ~ 10米进行放松。

双脚左右跳

训练部位 **全身**

主要肌肉 **下肢肌群**

训练板块 **神经激活**

训练目标 **唤醒并激活神经，提高运动效率**

注意事项 **运动时脚不要拖地，注意髋关节、膝关节和踝关节发力**

动作要点

1 身体呈运动姿站立，双臂微屈收于身体两侧，重心位于前脚掌。

2 保持背部挺直，腹部收紧，有节奏且连续地向左、向右快速小跳。保持重心稳定，双脚前脚掌着地后再次迅速跳起。

3 控制节奏由慢变快，至最快速度，并尽可能保持几秒再减速。跳跃结束后可以继续向前跑动5～10米进行放松。

基本动作模式

徒手力量练习

特殊训练板块

2 英寸碎步跑

训练部位　**全身**

主要肌肉　**下肢肌群**

训练板块　**神经激活**

训练目标　**唤醒并激活神经，提高运动效率，提高肌肉募集效率**

注意事项　**运动时脚不要拖地，注意髋关节、膝关节和踝关节发力**

动作要点

1 身体呈运动姿站立，双脚间距略比肩宽，手臂呈前后摆臂状，重心位于前脚掌。

2 **3** 保持背部挺直，以最快的频率进行碎步运动，同时缓慢向前移动。手臂始终保持较慢的摆臂频率。控制脚步节奏由慢变快，至最快速度，并尽可能保持几秒再减速，尽可能保持上下肢的协调性。碎步移动结束后可以继续向前跑动 5 ~ 10 米进行放松。

运动姿快速转髋

训练部位　**全身**

主要肌肉　**下肢肌群**

训练板块　**神经激活**

训练目标　**唤醒并激活神经，提高运动效率**

注意事项　**循序加速，跳跃时注意髋关节、膝关节和踝关节的发力，并保持身体稳定**

动作要点

 身体呈运动姿站立，双脚距离与肩同宽。

 保持背部挺直，腹部收紧，一侧腿快速向外侧蹬地发力，同时向另一侧转髋。运动过程中尽量保持肩部朝前。

 回到起始姿势，换边重复以上步骤，并完成规定的次数。

基本动作模式

徒手力量练习

特殊训练板块

双脚前后交替跳

训练部位 **全身**

主要肌肉 **下肢肌群**

训练板块 **动作技能整合**

训练目标 **唤醒并激活神经，提高运动效率**

注意事项 **摆臂方向与髋关节转动方向相反；发力集中于髋关节，而不是肩和躯干；始终保持胸部向前并尽可能保持上下肢的协调性**

动作要点

1 身体呈运动姿站立，双脚距离与肩同宽。

2 保持背部挺直、微屈髋屈膝的姿势，有节奏且连续地进行双腿前后交替跳，同时双臂自然摆动。

3 以最快的速度重复跳跃，完成规定时间。

3.3.2 技能整合练习

军步走 - 直腿

训练部位　**全身**

主要肌肉　**下肢肌群**

训练板块　**动作技能整合**

训练目标　**强化基本动作模式，为动作技能训练做准备**

注意事项　**腿下落时保证髋部充分伸展，腘绳肌受到牵拉，同时保持支撑腿伸直**

动作要点

 身体呈直立姿站立，双腿伸直，双脚并拢，双臂自然垂于身体两侧。

 保持背部挺直，腹部收紧，一侧腿脚尖勾起伸直向前踢出，同侧手臂向后摆，对侧手臂自然向前摆臂至胸前，呈踏步姿势。

 踢出脚落地的同时用力蹬地，身体重心向前移，同时换另一侧腿伸直向前踢出，双臂自然摆动。

 重复以上步骤，完成规定的时间或距离。

基本动作模式

徒手力量练习

特殊训练板块

军步走 - 原地

1

2

训练部位	全身
主要肌肉	下肢肌群
训练板块	动作技能整合
训练目标	强化基本动作模式，为动作技能训练做准备

基本动作模式

徒手力量练习

特殊训练板块

动作要点

1 身体呈直立姿站立，双腿伸直，双脚分开，距离小于肩宽，双臂自然垂于身体两侧。

2 保持背部挺直，腹部收紧，抬一侧腿至大腿与地面平行，脚尖勾起，双臂自然摆动，呈踏步姿势。

3 抬起腿落地的同时用力蹬地，换另一侧腿抬起。

↻ 双腿交替进行，完成规定的时间。

垫步跳 - 原地

训练部位　**全身**

主要肌肉　**下肢肌群**

训练板块　**动作技能整合**

训练目标　**强化基本动作模式，为动作技能训练做准备**

注意事项　**垫步过程中，落地腿的脚掌与地面产生两次接触，脚尖上勾，保持身体挺直**

动作要点

1 身体呈直立姿站立，双脚分开，距离小于肩宽，双臂自然垂于身体两侧。

2 保持背部挺直，腹部收紧，抬一侧腿至大腿与地面接近平行，脚尖勾起，双臂自然摆动。

3 抬起腿落地的同时用力蹬地，在前脚掌接触地面的瞬间，快速做一个原地垫步跳，同时另一侧腿抬起至大腿与地面接近平行。

4

↻ 双腿交替进行，完成规定的时间。

军步走 - 纵向

训练部位　**全身**

主要肌肉　**下肢肌群**

训练板块　**动作技能整合**

训练目标　**强化基本动作模式，为动作技能训练做准备**

注意事项　**腿下落时保证髋部充分伸展；运动从髋部发力开始；当一侧腿落地时，对侧手臂尽力向后摆**

二维码

动作要点

 身体呈直立姿站立，双脚分开，距离小于肩宽，双臂自然垂于身体两侧。

 保持背部挺直，腹部收紧，抬一侧腿至大腿与地面接近平行，脚尖勾起，双臂自然摆动。

 抬起腿落地的同时用力蹬地，同时重心前移，换另一侧腿抬起至大腿与地面接近平行，向前移动。

 双腿交替进行，完成规定的时间。

基本动作模式

徒手力量练习

特殊训练板块

垫步跳 - 纵向

训练部位 **全身**

主要肌肉 **下肢肌群**

训练板块 **动作技能整合**

训练目标 **强化基本动作模式，为动作技能训练做准备**

注意事项 **腿下落时保证髋部充分伸展；运动从髋部发力开始；当一侧腿落地时，对侧手臂尽力向后摆，保持脚尖上勾**

动作要点

1 身体呈直立姿站立，双脚分开，距离小于肩宽，双臂自然垂于身体两侧。

2 保持背部挺直，腹部收紧，抬一侧腿至大腿与地面接近平行，脚尖勾起，双臂自然摆动。

3 抬起腿落地的同时用力蹬地，在前脚掌接触地面的瞬间，快速做一个原地垫步跳，同时重心前移，换另一侧腿抬起至大腿与地面接近平行，向前移动。

↻ 双腿交替进行，完成规定的时间。

军步走 - 横向

训练部位 **全身**

主要肌肉 **下肢肌群和臀肌**

训练板块 **动作技能整合**

训练目标 **强化基本动作模式，为动作技能训练做准备**

注意事项 **腿下落时保证髋部充分伸展；运动从髋部发力开始；当一侧腿落地时，对侧手臂尽力向后摆**

动作要点

① 身体呈直立姿站立，双脚分开，距离小于肩宽，双臂自然垂于身体两侧。

② 保持背部挺直，腹部收紧，抬一侧腿至大腿与地面接近平行，脚尖勾起，双臂自然摆动。

③ 支撑腿向脚外侧蹬地发力，抬起腿向外侧展髋，前脚掌落地并用力蹬地，同时重心也向展髋侧移动，换另一侧腿抬起至大腿与地面接近平行。

↻ 双腿交替进行，并横向移动，完成规定的时间。

基本动作模式

徒手力量练习

特殊训练板块

垫步跳 - 横向

训练部位　**全身**

主要肌肉　**下肢肌群**

训练板块　**动作技能整合**

训练目标　**强化基本动作模式，为动作技能训练做准备**

注意事项　**腿下落时保证髋部充分伸展；运动从髋部发力开始；当一侧腿落地时，对侧手臂尽力向后摆**

动作要点

 身体呈直立姿站立，双脚分开，距离小于肩宽，双臂自然垂于身体两侧。

 保持背部挺直，腹部收紧，抬一侧腿至大腿与地面接近平行，脚尖勾起，双臂自然摆动。

 支撑腿向脚外侧蹬地发力，抬起腿向外侧展髋，在前脚掌接触地面的瞬间，快速做一个垫步跳，同时重心也向展髋侧移动，换另一侧腿抬起至大腿与地面接近平行。

双腿交替进行，横向移动，完成规定的时间。

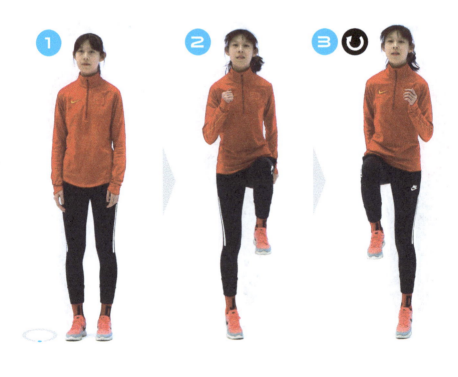

3.3.3 跳跃热身练习

对侧前后手碰脚

训练部位 **全身**

主要肌肉 **上肢肌群和下肢肌群**

训练板块 **综合协调性训练**

训练目标 **发展身体协调能力及快速反应能力，发展下肢灵活性**

注意事项 **在整个跳跃过程中上体保持直立**

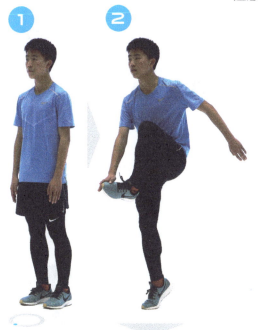

动作要点

1 身体呈直立姿站立，双脚分开略窄于肩，双臂自然垂于身体两侧，保持腹部收紧。

2
3 双脚跳动，同时抬一侧腿屈髋屈膝并用对侧手与脚触碰。接着换另一侧完成该动作。

4
5 然后向后屈膝并用对侧手向后与脚触碰。接着换另一侧完成该动作。

↻ 重复以上步骤，完成规定的时间。

基本动作模式

徒手力量练习

特殊训练板块

屈髋外展跳

训练部位 **核心、下肢髋关节**

主要肌肉 **下肢肌群**

训练板块 **综合协调性训练**

训练目标 **发展身体协调能力及快速反应能力，发展髋关节灵活性**

动作要点

1 身体呈直立姿站立，双脚分开略窄于肩，双手叉腰。

2 双脚跳动，同时抬一侧腿屈髋屈膝并向外侧展髋，接着抬起腿落

3 地跳动的同时，换另一侧完成该动作。

↻ 双腿交替进行，完成规定的次数。

垫步直腿跳

训练部位　**全身**

主要肌肉　**不涉及**

训练板块　**综合协调性训练**

训练目标　**发展身体协调能力及快速反应能力**

动作要点

 身体呈直立姿站立，双脚分开略窄于肩，双臂自然垂于身体两侧。

 保持腹部收紧，抬一侧腿屈髋伸膝，同时让对侧手触碰抬起腿的脚尖。

3 抬起腿落地的同时用力蹬地，在前脚掌接触地面的瞬间，快速做一个原地垫步跳，同时换另一侧腿抬起并用对侧手触碰脚尖。

 双腿交替进行，完成规定的次数。

基本动作模式

徒手力量练习

特殊训练板块

振臂跳

训练部位　**全身**
主要肌肉　**不涉及**
训练板块　**综合协调性训练**
训练目标　**发展身体协调能力及快速反应能力**

基本动作模式

动作要点

 身体呈直立姿站立，双脚分开略窄于肩，双臂自然垂于身体两侧。

 保持腹部收紧，双脚跳动，抬一侧腿屈髋屈膝至大腿与地面接近平行，同时抬对侧手臂伸直举过头顶。

抬起腿落地跳动的同时，换另一侧完成该动作。

 双腿交替进行，完成规定的次数。

徒手力量练习

特殊训练板块

对侧肘碰膝垫步跳

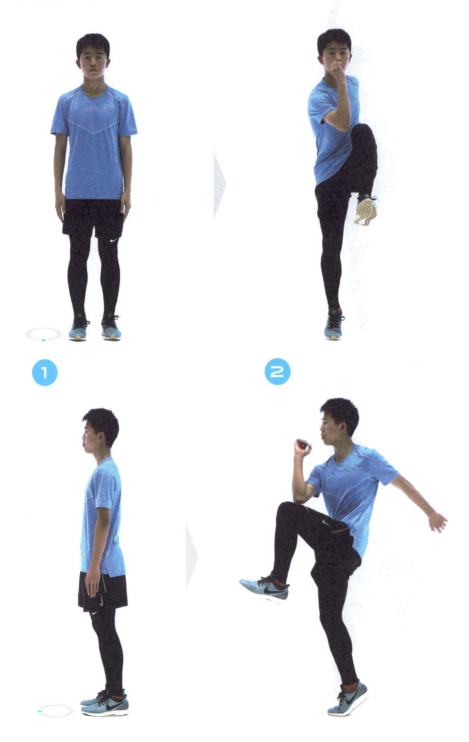

训练部位	**全身**
主要肌肉	**不涉及**
训练板块	**综合协调性训练**
训练目标	**发展身体协调能力及快速反应能力，发展身体平衡性**
注意事项	**在动作练习中保持躯干挺直，脚尖上勾**

基本动作模式

动作要点

 身体呈直立姿站立，双脚分开略窄于肩，双臂自然垂于身体两侧。

 保持腹部收紧，双脚跳动，抬一侧腿屈髋屈膝，同时用对侧手肘碰触抬起腿的膝部。上体不要弯曲。

3 抬起腿落地的同时用力蹬地，在前脚掌接触地面的瞬间，快速做一个原地垫步跳，同时换另一侧腿抬起并用对侧手肘触碰膝部。

 双腿交替进行，完成规定的次数。

徒手力量练习

特殊训练板块

踝关节八字跳

训练部位 **下肢**

主要肌肉 **不涉及**

训练板块 **综合协调性训练**

训练目标 **发展身体协调能力及快速反应能力，发展髋关节灵活性**

动作要点

 身体呈直立姿站立，双脚分开约与肩同宽，双臂自然垂于身体两侧。

 保持背部挺直，腹部收紧，双脚呈八字交替外展和内收原地跳动。

 重复以上步骤，完成规定的次数。

踝关节平行跳

训练部位　**核心、下肢**

主要肌肉　**不涉及**

训练板块　**综合协调性训练**

训练目标　**发展身体协调能力及快速反应能力，发展髋关节灵活性**

动作要点

　身体呈直立姿站立，双脚分开约与肩同宽，双臂自然垂于身体两侧。

　保持双脚距离不变，双脚平行，脚尖朝向一侧跳动，接着保持双脚平行，朝另一侧跳动。

↺　重复以上步骤，完成规定的距离。

基本动作模式

徒手力量练习

特殊训练板块

3.3.4　腹肌复合练习

仰卧起坐

训练部位　**核心**

主要肌肉　**腹直肌、腹横肌**

训练板块　**力量**

训练目标　**躯干力量和核心力量**

注意事项　**动作过程中不要低头**

动作要点

 身体呈仰卧姿势，头部和整个背部着地，双臂交叉收于胸前。双脚着地，双腿屈膝约呈90度。

 保持腹部收紧，屈髋卷腹使整个背部离开地面。

 回到起始姿势，重复以上步骤，并完成规定的次数。

腹肌大全1式 - 仰卧双肘碰膝

训练部位　**躯干**

主要肌肉　**腹直肌、腹横肌**

训练板块　**力量**

训练目标　**躯干力量和核心力量**

动作要点

 身体呈仰卧姿势，整个背部着地，双手交叉枕于头下。双脚着地，双腿屈膝约呈90度。

 保持腹部收紧，抬起颈部的同时屈髋卷腹使整个背部离开地面，至双肘碰触到膝部。不要过度抱头。

 回到起始姿势，重复以上步骤，并完成规定的次数。

基本动作模式

徒手力量练习

特殊训练板块

腹肌大全2式 - 仰卧转腹 - 对侧肘碰膝

训练部位　**核心**

主要肌肉　**腹直肌、腹横肌和腹内外斜肌**

训练板块　**力量**

训练目标　**躯干力量和核心力量**

动作要点

 身体呈仰卧姿势，整个背部着地，双手交叉枕于头下。一侧腿屈膝约呈90度，脚着地。另一侧腿屈膝将脚搭在支撑腿的膝上。

 保持腹部收紧，抬起颈部的同时屈髋卷腹使整个背部离开地面。同时躯干向非支撑腿侧转体，至支撑腿侧手肘碰触到非支撑腿的膝部。

 回到起始姿势，重复以上步骤，并完成规定的次数，对侧亦然。

腹肌大全3式 - 仰卧直膝抬腿

训练部位　**核心**

主要肌肉　**腹直肌、腹横肌、髂腰肌和股四头肌**

训练板块　**力量**

训练目标　**提高躯干力量、核心力量和屈髋肌群力量**

动作要点

 身体呈仰卧姿势，双腿伸直并拢，脚尖勾起，双臂自然放于身体两侧。

 保持腹部收紧，屈髋直腿抬离地面至双腿与地面垂直。

 缓慢回到起始姿势，回落过程中尽量不要屈膝。重复以上步骤，并完成规定的次数。

基本动作模式

徒手力量练习

特殊训练板块

腹肌大全4式 - 仰卧剪刀腿交叉

训练部位　**核心**

主要肌肉　**腹直肌、腹横肌和髂腰肌**

训练板块　**力量**

训练目标　**躯干力量和核心稳定性**

动作要点

 身体呈仰卧姿势，双腿伸直并拢，脚尖勾起，双臂伸直自然放于身体两侧。

 保持腹部收紧，直腿屈髋使双腿离开地面至双腿与地面约呈30度。

 双腿悬空并交替上下交叉呈剪刀状。

双腿重复交替交叉，并完成规定的次数或时间。

基本动作模式

徒手力量练习

特殊训练板块

腹肌大全5式 - 仰卧同侧交替手摸脚跟

训练部位　**核心**

主要肌肉　**腹直肌、腹横肌和腹内外斜肌**

训练板块　**力量**

训练目标　**躯干力量和核心稳定性**

动作要点

 身体呈仰卧姿势，双臂伸直自然放于身体两侧，双腿屈膝，双脚着地。

 微抬起头部的同时屈髋卷腹使上背部离开地面，同时伸一侧手碰触同侧脚。接着换另一侧重复动作。

 两侧交替进行，完成规定的次数。

腹肌大全6式-仰卧抬腿向上顶髋

训练部位　**核心**

主要肌肉　**腹直肌、腹横肌**

训练板块　**力量**

训练目标　**提高躯干力量和核心稳定性**

动作要点

 身体呈仰卧姿势，双腿伸直并拢，脚尖勾起，双臂伸直自然放于身体两侧。

 保持腹部收紧，背部贴地，屈髋屈膝抬腿离开地面至大腿与躯干接近垂直。

 保持呼吸顺畅，双臂位置不变，双腿向上蹬直至双腿与地面接近垂直，下背部离地，在最高位置保持动作1~2秒。

↻ 回到起始姿势，重复以上步骤，并完成规定的次数。

基本动作模式

徒手力量练习

特殊训练板块

腹肌大全7式 - 仰卧手摸对侧脚尖

训练部位　**核心**

主要肌肉　**腹直肌、腹横肌、腹内斜肌和腹外斜肌**

训练板块　**力量**

训练目标　**提高躯干力量和核心稳定性**

动作要点

1　身体呈仰卧姿势，双腿伸直并拢，脚尖勾起，双臂伸直自然放于身体两侧。

2　保持双臂位置不变，双腿伸直，屈髋向上抬起双腿。

3　保持腹部收紧，躯干抬离地面，呈 V 字形，同时伸一侧手碰触对侧脚，碰触后躯干回落至地面。接着换另一侧手触碰对侧脚。

○　回到起始姿势，重复以上步骤，并完成规定的次数。

腹肌大全8式 - 仰卧倒踩俄罗斯单车

训练部位　**核心**

主要肌肉　**腹直肌、腹横肌和髂腰肌**

训练板块　**力量**

训练目标　**提高躯干力量和核心稳定性**

动作要点

 身体呈仰卧姿势，双臂伸直自然放于身体两侧，双腿屈膝，双脚着地。

 保持双臂位置不变，屈髋抬起双腿约与地面呈45度，一侧腿屈髋屈膝使大腿靠向腹部。

 屈膝腿蹬直回到与地面呈45度的位置，同时另一侧腿屈髋屈膝使大腿靠向腹部。

双腿交替进行动作，完成规定的时间。

基本动作模式

徒手力量练习

特殊训练板块

腹肌大全9式 - 仰卧屈髋双手抱腿

训练部位 **核心**

主要肌肉 **腹直肌、腹横肌和髂腰肌**

训练板块 **力量**

训练目标 **提高躯干力量和核心稳定性**

动作要点

1 身体呈仰卧姿势，屈髋，双腿抬离地面，双臂伸直放于身体两侧。

2 保持腹部收紧，躯干抬离地面，同时双臂环抱住大腿。

↻ 回到起始姿势，重复以上步骤，并完成规定的次数。

腹肌大全10式 - 仰卧屈膝卷腹 - 双臂振动

训练部位 核心

主要肌肉 腹直肌、腹横肌

训练板块 力量

训练目标 提高躯干力量和核心稳定性

动作要点

 身体呈仰卧姿势，双腿伸直并拢，脚尖勾起，双臂伸直自然放于身体两侧。

 屈髋，双腿抬离地面，同时躯干抬起，保持双臂伸直抬高至大腿两侧。

 保持身体姿势不变，双臂在大腿两侧做上下振动。

 完成规定的时间。

基本动作模式

徒手力量练习

特殊训练板块

仰卧腹肌 - 三方向直抬腿

训练部位 **核心**

主要肌肉 **腹直肌、腹横肌、腹外斜肌和髂腰肌**

训练板块 **力量**

训练目标 **强化躯干力量和核心力量**

动作要点

 搭档站在练习者头部前方。练习者呈仰卧姿势，双腿伸直并拢，双臂伸过头顶抓住搭档的脚踝。直腿向上抬起至搭档抓住练习者脚踝，双腿回落接近地面。

 直腿向上抬起至搭档抓住练习者脚踝，回落时向一侧转体，使双腿大致与地面呈60度。

直腿向上抬起至搭档抓住练习者脚踝，回落时向另一侧转体，使双腿大致与地面呈60度。

 屈髋向头部方向抬双腿至搭档可以扶住练习者的脚踝。

回到起始姿势，重复以上步骤，并完成规定的次数。

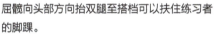

3.3.5 背肌复合练习

俯卧 - 上身抬起

训练部位 **核心**

主要肌肉 **竖脊肌、斜方肌、菱形肌 和臀大肌**

训练板块 **力量**

训练目标 **发展躯干力量、核心稳定 性和背部力量**

动作要点

 身体呈俯卧姿势，双臂伸直自然 放于身体两侧，双腿伸直。

 保持臀部收紧，后背部发力使肩 部抬离地面。

 回到起始姿势，重复以上步骤，并 完成规定的次数。

俯卧 - 抬起上身 - 双臂举起

训练部位　**核心**

主要肌肉　**竖脊肌、斜方肌、菱形肌、臀大肌和肩部肌群**

训练板块　**力量**

训练目标　**发展躯干力量、核心稳定性和背部力量**

动作要点

 身体呈俯卧姿势，双臂向两侧斜前方伸直呈Y字形，掌心朝下，双腿伸直。

 保持臀部收紧，后背部发力使双臂和肩部抬离地面。

 回到起始姿势，重复以上步骤，并完成规定的次数。

基本动作模式

徒手力量练习

特殊训练板块

1

2 ↻

俯卧 - 抬起上身 - 手脚抬起

训练部位　**核心**

主要肌肉　**竖脊肌、斜方肌、菱形肌和臀大肌**

训练板块　**力量**

训练目标　**提高躯干力量和核心稳定性，发展背部力量**

动作要点

 身体呈俯卧姿势，屈一侧手臂使前臂枕于额头下方，另一侧手臂沿着耳朵向前伸直，双腿伸直。

 保持臀部收紧，后背部发力使伸直的手臂和肩部抬离地面，同时抬起对侧腿。

回到起始姿势，重复以上步骤，并完成规定的次数，对侧亦然。

俯卧模拟游泳姿（蛙泳）

训练部位　**全身**

主要肌肉　**竖脊肌、斜方肌、菱形肌和肩部肌群**

训练板块　**力量**

训练目标　**提高核心稳定性、全身力量、协调性，发展背部力量**

基本动作模式

动作要点

 身体呈俯卧姿势，躯干和大腿贴地，双臂弯曲收于身体两侧。双腿伸直，脚尖着地。

 保持腹部收紧，背部发力使上半身抬离地面，同时将双腿抬起。双臂伸直向前推出。

 保持 1~2 秒时间，双臂向身体两侧画圈，收回。模拟蛙泳动作。

 回到起始姿势，重复以上步骤，并完成规定的次数。

徒手力量练习

特殊训练板块

俯卧模拟游泳姿（自由泳）

训练部位 全身

主要肌肉 竖脊肌、斜方肌、菱形肌、腰方肌、背阔肌和臀大肌

训练板块 力量

训练目标 提高全身力量、协调性和核心稳定性，发展背部力量

动作要点

1. 身体呈俯卧姿势，躯干和大腿贴地，双臂弯曲收于身体两侧。双腿伸直，脚尖着地。

2. 保持腹部收紧，肩胛骨向后缩，背部发力使上半身抬离地面。同时将双臂和双腿抬起。

3. 一侧手臂伸直向前推出，另一侧手臂伸直向后推出，同时身体转向打开侧，模拟自由泳动作。

4. 双臂交替进行动作，完成规定的次数。

俯卧 - 下肢抬起内收外展转动

训练部位　**核心和臀部**

主要肌肉　**竖脊肌、腰方肌和臀大肌**

训练板块　**力量**

训练目标　**提高躯干力量和核心稳定性**

动作要点

 身体呈俯卧姿势，躯干和大腿贴地，双臂弯曲收于身体两侧。双腿伸直，脚尖着地。

 保持上半身不动，抬起双腿并向外侧伸展。

接着，双腿内收。

 完成规定的次数。

俯卧 - 双腿抬起

训练部位　**核心和臀部**

主要肌肉　**竖脊肌、臀大肌**

训练板块　**力量**

训练目标　**提高躯干力量和核心稳定性**

动作要点

 身体呈俯卧姿，躯干和大腿贴地，双臂弯曲收于身体两侧。双腿伸直，分开约与髋同宽，脚尖着地。

 保持上半身不动，抬起双腿。

 回到起始姿势，重复以上步骤，并完成规定的次数。

超人式

训练部位 **核心**

主要肌肉 **竖脊肌、臀大肌、斜方肌、菱形肌和肩部肌群**

训练板块 **力量**

训练目标 **发展背部力量，提高躯干稳定性**

动作要点

 身体呈俯卧姿势，躯干和大腿贴地，双臂沿耳朵向前伸直贴地。双腿伸直，脚尖着地。

 保持腹部收紧，腰背部发力使上半身抬离地面。同时将双臂和双腿抬起。注意保持双臂和双腿伸直。

 回到起始姿势，重复以上步骤，并完成规定的次数。

俯卧 - 划臂

训练部位 **脊柱**

主要肌肉 **伸背肌群**

训练板块 **力量**

训练目标 **发展伸背肌群力量及肩关节灵活性**

动作要点

 身体呈俯卧姿势，躯干和大腿贴地，双臂沿耳朵向前伸直贴地。双腿伸直，脚尖着地。

 保持腹部收紧，双腿抬起，双臂伸直向后做划臂动作，直至双手位于髋部两侧。

 回到起始姿势，重复以上步骤，并完成规定的次数。

3.3.6 臀肌复合练习

臀肌大全 - 1式

训练部位 **下肢**

主要肌肉 **髋关节外旋肌群**

训练板块 **力量、灵活性**

训练目标 **发展髋关节外旋肌群的力量，提高髋关节稳定性和灵活性**

动作要点

1 身体呈侧卧姿势，触地侧手臂弯曲置于头部下方，另一只手置于胸部前方的地面上。触地侧腿伸直，脚尖勾起。非触地侧腿屈髋屈膝，脚搭在伸直腿的膝关节后侧并触地。

2 腹部和臀部收紧，非触地侧的髋关节外展，使膝关节向上打开至最高点。

↻ 回到起始姿势，重复以上步骤，并完成规定的次数，对侧亦然。

1

2 ↻

基本动作模式

徒手力量练习

特殊训练板块

臀肌大全 - 2式

训练部位 **下肢**

主要肌肉 **髋关节外旋肌群**

训练板块 **力量、灵活性**

训练目标 **发展髋关节外旋肌群的力量，提高髋关节稳定性和灵活性**

动作要点

 身体呈侧卧姿势，触地侧手臂弯曲置于头部下方，另一只手置于胸部前方的地面上。触地侧腿伸直，脚尖勾起。非触地侧腿屈膝约呈90度，与触地侧腿分开，脚掌向后。

 腹部和臀部收紧，非触地侧的髋关节交替进行内旋和外旋动作。

↻ 重复以上步骤，并完成规定的次数，对侧亦然。

臀肌大全 - 3式

训练部位　**下肢**
主要肌肉　**髋关节外旋肌群**
训练板块　**力量、灵活性**
训练目标　**发展髋关节外旋肌群的力量，提高髋关节稳定性和灵活性**

动作要点

 身体呈侧卧姿势，触地侧手臂弯曲置于头部下方，另一只手扶于髋部。双腿伸直，脚尖勾起。上侧腿与触地腿不接触。

 腹部和臀部收紧，非触地侧的腿保持与触地侧腿距离不变，交替进行内旋和外旋动作。

 重复以上步骤，并完成规定的时间或次数，对侧亦然。

基本动作模式

徒手力量练习

特殊训练板块

臀肌大全 - 4式

训练部位 **下肢**

主要肌肉 **髋关节外旋肌群**

训练板块 **力量、灵活性**

训练目标 **发展髋关节外旋肌群的力量，提高髋关节稳定性和灵活性**

动作要点

1 身体呈侧卧姿势，触地侧手臂弯曲置于头部下方，另一只手置于胸部前方的地面上。触地侧腿伸直，脚尖勾起。非触地侧的腿伸直并悬空。

2 腹部和臀部收紧，非触地侧的腿向前伸直，绕圆弧，围绕髋关节做环转动作。

3

↻ 重复以上步骤，并完成规定的时间或次数，对侧亦然。

臀肌大全 - 5式

训练部位　**下肢**

主要肌肉　**髋关节外旋肌群**

训练板块　**力量和灵活性**

训练目标　**发展髋关节外旋肌群的力量，提高髋关节稳定性和灵活性**

基本动作模式

徒手力量练习

特殊训练板块

动作要点

 身体呈侧卧姿势，触地侧手臂弯曲置于头部下方，另一只手置于胸部前方的地面上。触地侧腿伸直，脚尖勾起。非触地侧的腿伸直并悬空。

 腹部和臀部收紧，非触地侧的腿向后伸直，绕圆弧，围绕髋关节做环转动作。

 重复以上步骤，并完成规定的时间或次数，对侧亦然。

臀肌大全 - 6式

训练部位　**下肢**

主要肌肉　**髋关节外旋肌群**

训练板块　**力量和灵活性**

训练目标　**发展髋关节外旋肌群的力量，提高髋关节稳定性和灵活性**

动作要点

1 身体呈俯卧姿势，一侧手肘撑地，躯干抬离地面。手肘触地侧的腿伸直，另一侧腿屈膝，脚置于伸直腿的膝关节处。

2 腹部和臀部收紧，屈膝侧髋关节外旋至最高点，接着内旋至低处。

↻ 重复以上步骤，并完成规定的时间或次数，对侧亦然。

臀肌大全 -7式

训练部位　**下肢**

主要肌肉　**髋关节外旋肌群**

训练板块　**力量和灵活性**

训练目标　**发展髋关节外旋肌群的力量，提高髋关节稳定性和灵活性**

动作要点

 身体呈俯卧姿势，一侧手肘撑地，躯干抬离地面。手肘触地侧的腿伸直，另一侧腿屈膝并悬空，脚掌向后。

 腹部和臀部收紧，屈膝侧髋关节外旋至最高点。

 接着内旋至低处。重复以上步骤，并完成规定的时间或次数，对侧亦然。

基本动作模式

徒手力量练习

特殊训练板块

臀肌大全 - 8 式

训练部位 **下肢**

主要肌肉 **髋关节外旋肌群**

训练板块 **力量和灵活性**

训练目标 **发展髋关节外旋肌群的力量，提高髋关节稳定性**

动作要点

 身体呈俯卧姿势，一侧手肘撑地，躯干抬离地面。手肘触地侧的腿伸直，另一侧腿屈膝放于触地侧腿的膝关节处。

 腹部和臀部收紧，髋部外旋使屈膝腿抬高。

 保持动作至规定的时间，对侧亦然。

俯桥

训练部位　**核心**

主要肌肉　**腰腹部深层肌群**

训练板块　**力量**

训练目标　**发展脊柱力量，激活腰腹部
深层肌群，提高核心稳定性**

动作要点

身体呈四点支撑的俯撑姿势（双肘和双脚脚
尖着地），保持双肘位于肩部的正下方，距
离与肩同宽。双腿伸直，双脚脚尖触地支撑。
保持面部朝下，背部挺直，腹部收紧，身体
稳定，并完成规定的时间。

基本动作模式

徒手力量练习

特殊训练板块

保持背部挺直

俯桥 - 单侧手臂上抬

训练部位　核心

主要肌肉　腰腹部深层肌群

训练板块　力量

训练目标　发展脊柱力量，激活腰腹部深层肌群，提高核心稳定性

动作要点

身体呈俯撑姿势，单臂屈肘与双脚脚尖触地支撑，保持触地侧手肘位于肩部的正下方。非触地侧手臂沿耳朵向前伸直。保持面部朝下，背部挺直，腹部收紧，双腿伸直，身体稳定，并完成规定的时间。换对侧手臂向上抬起，重复上述动作。

保持背部挺直

俯桥 - 单侧腿上抬

训练部位　**核心**

主要肌肉　**腰腹部深层肌群和臀大肌**

训练板块　**力量**

训练目标　**发展脊柱力量，激活腰腹部深层肌群，提高核心稳定性**

动作要点

身体呈俯撑姿势，双臂屈肘与单侧脚尖触地支撑。保持双肘位于肩部的正下方，距离与肩同宽。保持面部朝下，背部挺直，腹部收紧，支撑腿伸直，身体稳定，非支撑腿向上抬起，并尽量保持伸直，并完成规定的时间。换对侧腿向上抬起，重复上述动作。

保持背部挺直 ⇢

俯桥 - 对侧手脚上抬

训练部位　**核心**

主要肌肉　**腰腹部深层肌群和臀大肌**

训练板块　**力量**

训练目标　**发展脊柱力量，激活腰腹部深层肌群，提高核心稳定性**

动作要点

身体呈俯撑姿势，左手肘屈肘与右腿脚尖触地支撑。保持左手肘位于肩部的正下方，右侧手臂沿耳朵向前伸直。左腿向上抬起，并尽量保持伸直。保持面部朝下，背部挺直，腹部收紧，右腿伸直，身体稳定，并完成规定的时间。换右臂和左腿支撑身体，左臂和右腿上抬，重复上述动作。

保持背部挺直

3.3.7 爬行练习

婴儿爬行－纵向

训练部位 **全身**

主要肌肉 **核心肌群**

训练板块 **综合协调性训练**

训练目标 **发展核心稳定性，促进身体协调性发展**

注意事项 **爬行过程中保持躯干的稳定性，避免晃动、塌腰**

动作要点

 俯身屈髋屈膝呈双手双膝跪姿，双臂伸直，双手触地支撑。保持双膝位于髋部正下方。

 保持背部挺直，腹部收紧，抬对侧的手和腿向前移动，接着换另一侧。

两侧交替进行，并完成规定的距离。

保持背部挺直

基本动作模式

徒手力量练习

特殊训练板块

熊爬 - 纵向

训练部位 **全身**

主要肌肉 **核心肌群**

训练板块 **综合协调性训练**

训练目标 **发展核心及肩关节稳定性，促进身体协调性发展**

动作要点

 俯身呈双手双脚触地支撑，双臂和双腿伸直，但注意都不要锁死。屈髋使身体呈倒 V 字形。

 保持腹部收紧，抬一侧腿屈膝向前迈，同时抬对侧的手同步向前移动，接着换另一侧。

两侧交替进行，并完成规定的距离。

桌式爬行

训练部位 **全身**

主要肌肉 **核心肌群**

训练板块 **综合协调性训练**

训练目标 **发展核心及肩关节稳定性，促进身体协调性发展**

基本动作模式

徒手力量练习

特殊训练板块

动作要点

 俯身屈髋屈膝呈双手和双脚触地支撑姿势，双臂伸直，双手触地支撑。双腿屈髋屈膝，保持双膝位于髋部正下方，并保持双膝离地。

 保持腹部收紧，抬对侧的手和腿向前移动，接着换另一侧。

 两侧交替进行，并完成规定的距离。

保持背部挺直

桌式爬行 - 旋转

训练部位　全身

主要肌肉　核心肌群

训练板块　综合协调性训练

训练目标　发展核心及肩关节稳定性，促进
　　　　　身体协调性发展

基本动作模式

徒手力量练习

特殊训练板块

动作要点

　俯身屈髋屈膝呈双手和双脚触地支撑姿势，双臂伸直。保持双膝位于髋部正下方，并保持双膝离地。将一药球（也可以使用锥桶等其他标志物）置于双手前方。

　保持腹部收紧，抬同侧的手和腿向一侧移动，接着抬另一侧的手和腿跟上，使身体顺时针或逆时针绕药球移动。

　重复以上步骤，并完成规定的圈数或时间。

桌式爬行 - 横向

训练部位　**全身**

主要肌肉　**核心肌群**

训练板块　**综合协调性训练**

训练目标　**发展核心及肩关节稳定性，促进身体协调性发展**

动作要点

1 俯身屈髋屈膝呈双手和双脚触地支撑姿势，双臂伸直。保持双膝位于髋部正下方，并保持双膝离地。

2

3 保持腹部收紧，抬同侧的手和腿向一侧移动，接着抬另一侧的手和腿跟上。

↻ 重复以上步骤，并完成规定的距离。

螃蟹爬行 - 纵向

训练部位　全身

主要肌肉　核心肌群

训练板块　综合协调性训练

训练目标　发展核心及肩关节稳定性，
　　　　　促进身体协调性发展

动作要点

 身体呈仰卧支撑姿势，屈髋屈膝使双手和双脚脚跟触地支撑，并保持臀部离地。双臂伸直，但注意不要锁死，目视前方。

  保持腹部收紧，抬对侧的手和脚同步向前或向后移动，接着抬另一侧的手和脚跟上。

重复以上步骤，并完成规定的距离。

基本动作模式

徒手力量练习

特殊训练板块

螃蟹爬行 - 横向

训练部位　**全身**

主要肌肉　**核心肌群**

训练板块　**综合协调性训练**

训练目标　**发展核心及肩关节稳定性，促进身体协调性发展**

动作要点

 身体呈仰卧支撑姿势，屈髋屈膝使双手和双脚脚跟触地支撑。双臂伸直，但注意不要锁死，目视前方。

 保持腹部收紧，抬对侧的手和脚同步向一侧移动，接着抬另一侧的手和脚跟上。

 重复以上步骤，并完成规定的距离。

大猩猩爬行 - 纵向

训练部位　**全身**

主要肌肉　**核心肌群**

训练板块　**综合协调性训练**

训练目标　**发展核心及下肢力量，促进身体协调性发展**

动作要点

 俯身屈髋屈膝呈双手和双脚触地支撑姿势，双臂伸直。保持双膝位于髋部正下方，并保持双膝离地。

 保持腹部收紧，双腿蹬地发力，使身体向前跳起，同时将双腿拉向手臂。双臂向前移动，随后双腿继续向前跳跃。

 双脚落地后再次重复以上步骤，并完成规定的距离。

大猩猩爬行 - 横向

训练部位　**全身**

主要肌肉　**核心肌群**

训练板块　**综合协调性训练**

训练目标　**发展核心及下肢力量，促进身体协调性发展**

动作要点

 俯身屈髋屈膝呈双手和双脚触地支撑姿势，双臂伸直。保持双膝位于髋部正下方，并保持双膝离地。

 保持腹部收紧，双腿蹬地发力，抬双臂使身体向一侧跳起，双手着地的同时双腿也像同侧移动。

 双脚落地后再次重复以上步骤，并完成规定的距离。

军人爬行 - 纵向

训练部位　**全身**

主要肌肉　**核心肌群、肩关节肌群和髂腰肌**

训练板块　**综合协调性训练**

训练目标　**发展核心力量，提高核心稳定性，促进身体协调性发展**

动作要点

 身体呈四点支撑的俯撑姿势（双肘和双脚脚尖着地），双肘距离略比肩宽，保持身体从头到脚在一条直线上。

 抬一侧腿尽最大限度向前屈髋并外展，同时对侧的手臂也向前移动，

 接着换对侧向前移动。

两侧交替向前移动，也可以向后移动。完成规定的距离。

基本动作模式

徒手力量练习

特殊训练板块

毛毛虫爬行 - 纵向

训练部位 **全身**

主要肌肉 **核心肌群**

训练板块 **综合协调性训练**

训练目标 **发展核心及肩关节稳定性，促进身体协调性发展**

动作要点

1 身体呈直立站姿，双脚分开约与肩同宽，双臂伸直自然垂于身体两侧，目视前方。

2 保持腹部收紧，屈髋俯身使双手着地，并保持双腿伸直，但不要锁死。

3 保持双脚位置不变的同时，双手交替向前移动。

4 当身体打开使头部、躯干、双腿呈一条直线时，挺胸抬头，使身体呈反弓形，并注意保持双腿不要着地。

5 保持双手位置不变，使身体呈倒 ∨ 字形，双脚交替向前靠近双手。

6

↻ 重复以上步骤，并完成规定的距离。

爬行 - 侧坐双腿转移

训练部位　**全身**

主要肌肉　**核心肌群**

训练板块　**综合协调性训练**

训练目标　**发展核心及肩关节稳定性，促进身体协调性发展**

动作要点

1 俯身屈髋屈膝呈双手和双脚触地支撑姿势，双臂伸直。脚尖触地支撑，并保持双膝离地。对侧手和脚同步，两侧交替向前爬行。

2 爬行规定距离后，抬一侧手和对侧脚离开地面，翻转身体向上打开，注意保持臀部离地。

↻ 翻转身体回到起始姿势，重复以上步骤，并完成规定的距离，对侧亦然。

木板爬行 - 纵向

训练部位 **核心**

主要肌肉 **核心肌群**

训练板块 **综合协调性训练**

训练目标 **发展核心及肩关节稳定性，促进身体协调性发展**

基本动作模式

徒手力量练习

特殊训练板块

动作要点

 身体呈四点支撑姿势（双手和双脚着地），双臂伸直，双手触地支承于肩部的正下方。双腿伸直，双脚脚尖着地，尽量使头部、躯干和双腿在一条直线上。

 保持背部挺直，腹部收紧，双腿伸直，双手交替向前移动，同时跖屈和背屈踝关节使双脚小步幅同步向前移动。注意也可以向后移动。

重复以上步骤，并完成规定的距离。

木板爬行 - 横向

训练部位 **核心**

主要肌肉 **核心肌群**

训练板块 **综合协调性训练**

训练目标 **发展核心及肩关节稳定性，促进身体协调性发展**

动作要点

 身体呈四点支撑姿势（双手和双脚着地），双臂伸直，双手触地支承于肩部的正下方。双腿伸直，双脚脚尖着地，使头部、躯干和双腿在一条直线上。

  保持腹部收紧，背部挺直，抬同侧的手和脚向外侧移动，接着另一侧的手和脚跟上。移动过程中保持躯干在一条直线上。

重复以上步骤，并完成规定的距离。

3.3.8 有氧练习

开合跳

训练部位　**全身**

主要肌肉　**不涉及**

训练板块　**协调性训练**

训练目标　**发展身体协调性、跳跃能力和灵活性**

注意事项　**在整个跳跃过程中核心区收紧**

动作要点

 身体呈直立姿站立，双腿分开距离小于肩宽。双臂伸直自然放于身体两侧，目视前方。

 保持腹部收紧，双腿蹬地发力向上跳起，双臂伸直向头顶上方打开至双手轻轻触碰。同时双腿打开。

⟳ 下落的同时，双臂下摆，双脚靠拢。重复以上步骤，并完成规定的次数或规定的时间。

基本动作模式

徒手力量练习

特殊训练板块

十字向心跳

训练部位　**下肢**

主要肌肉　**臀大肌、股四头肌和腘绳肌**

训练板块　**身体素质**

训练目标　**提高全身灵活性和协调性**

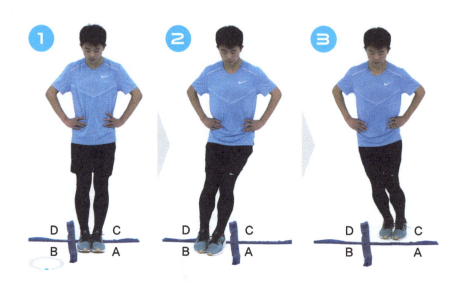

动作要点

1. 身体呈直立姿站立，双脚并拢，双手叉腰。站在用十字分开的一块区域内（A 区域）。

2. 双脚蹬地从 A 区域跳向 B 区域。

3. 双脚蹬地从 B 区域跳向 C 区域。

4. 双脚蹬地从 C 区域跳向 D 区域。

从 D 区域跳回到 A 区域，重复以上步骤，并完成规定的次数。

小丑跳

训练部位　　**下肢**

主要肌肉　　**核心肌群和下肢肌群**

训练板块　　**综合协调性训练**

训练目标　　**发展身体协调能力，发展髋关节灵活性**

动作要点

1 身体呈下蹲姿势，双脚脚尖着地，双手扶髋。

2 **3** 保持腹部收紧，向上跳起的同时使一侧腿向外伸直。接着身体再次向上跳起并换另一侧腿向外伸直。

↻ 重复以上步骤，并完成规定的次数。

基本动作模式

徒手力量练习

特殊训练板块

波比

训练部位　**全身**

主要肌肉　**核心肌群、下肢肌群和上肢肌群**

训练板块　**综合协调性训练**

训练目标　**发展身体协调能力**

保持背部平直

①

②

③

④

动作要点

 身体呈直立姿站立，双臂伸直自然放于身体两侧，目视前方。

 保持腹部收紧，屈髋屈膝俯身至双手在肩部正下方触地。

 双臂伸直，双手触地支撑，伸髋伸膝双脚同时向后跳至头部、躯干、双腿在一条直线上。

 接着屈髋屈膝将双脚跳回，呈下蹲姿势。

 起身跳起，同时双臂向上伸展至在头顶上方并轻轻触碰。

 回到起始姿势。

重复以上步骤，并完成规定的次数。

基本动作模式

徒手力量练习

特殊训练板块

CHAPTER 04 第4章

训练计划

要想设计一份合理的训练计划，必须明确个人的训练需求，并遵循一定的原则。本章将介绍训练参数含义和青少年训练计划制定原则，并提供18个青少年徒手训练计划。

4.1 青少年训练计划制定原则

（1）在制定训练计划之前，应该确定个人的需求。青少年在身体和心理的成熟程度、训练目标、遗传潜力，以及参与训练的意愿方面都存在个体差异。因此，制定个性化的训练计划是成功的关键。

（2）在制定训练计划之前，应对青少年进行全面的身体评估。评估内容应包括基本健康状况评估（是否有损伤及损伤的原因）、当前身体状态评估功能性动作筛查和运动表现能力评估。评估结果将直接影响训练计划的制定与实施。

（3）训练计划要全面。训练内容应包含各项身体素质（力量、耐力、速度、柔韧性和灵活性等）的动态、静态，以及开链、闭链等练习。青少年处于发展敏感期，在这个阶段采用丰富的训练手段来全面发展各项身体素质，不仅能够提高青少年参与运动的积极性，还将为今后打下扎实的体能基础。

（4）训练计划要均衡。训练内容应涉及身体上肢、下肢，前侧、后侧，以及躯干部位的训练，避免不平衡训练所导致的动作模式欠佳、不良体态及运动损伤等问题。

（5）采用适当的训练量和强度。由于青少年骨骼和肌肉系统尚未发育成熟，过大的训练量及训练强度可能会适得其反，不仅影响青少年参加训练的积极性，同时会打击他们的自信心，更重要的是会导致运动损伤，所以切忌将成年人的训练计划用于青少年。

（6）计划要具有进阶性。训练内容应该从简单到复杂，从多关节复合性动作再到单关节动作，并根据身体对训练刺激的适应程度循序渐进地进行调整。进阶则意味着进步，青少年应通过增加动作难度、训练频率、强度和时间，来逐渐提高他们的训练难度，从而进一步改善身体素质。

4.2 训练节奏与间歇

对于一组训练的内容安排来说，训练动作固然重要，但训练时的动作节奏与间歇时间才是成功与否的关键。我们通常把动作节奏定义为某些数字：如果动作的离心阶段是2秒，等长阶段是2秒，向心阶段是1秒，则将动作节奏表示为2-2-1。例如，进行杠铃深蹲练习时，身体从站姿向下蹲的过程为2秒，到达最低位置时保持2秒，从深蹲姿势到站立过程为1秒。训练目的不同，动作节奏也不同。

间歇时间是指两组训练之间或者两个动作之间的间隔时间，它决定着训练的强度。当青少年逐渐适应了训练计划以后，就可以缩短组间或者动作之间的休息时间，从而提高训练强度。而如果我们采用更大的训练负荷时，那么间歇时间会相应地增加，让机体有更充分的恢复时间，这样能够有效地避免过度训练以及可能带来的运动损伤。

4.3 青少年徒手训练计划

训练计划1：基本运动姿势本体感受激活练习方案

训练目的： 正确掌握各类基本运动姿势的动作标准和细节要求，以有效激活身体的本体感受。

页码	动作图片	动作名称	组数	重复次数 / 保持时间	练习节奏	间歇时间
32		基本运动姿	1组	15秒	静态保持	10秒
35		运动分腿姿	2组（左右两侧各1组）	10秒	静态保持	10秒
16		俯卧姿－双手双脚撑	1组	15秒	静态保持	10秒
37		弓步姿	2组（左右两侧各1组）	10秒	静态保持	10秒
19		仰卧姿－臀桥	1组	20秒	静态保持	10秒
22		侧卧姿－单肘单脚撑	1组	12秒	静态保持	10秒
20		仰卧姿－单腿军步臀桥	2组（左右两侧各1组）	10秒	静态保持	10秒

训练计划 2：基本动作模式转换激活练习方案

训练目的： 正确掌握各类基本运动姿势的动作标准和细节要求，强化动作模式，使身体能够在快速的动态变化中，随时回到正确、标准的身体训练姿势。

页码	动作图片	动作名称	组数	重复次数 / 保持时间	练习节奏	间歇时间
38		双腿运动姿	1 组	5 次	※1-3-3	30 秒
39		单腿运动姿（快速转换）	2 组（左右两侧各1组）	3 次	※1-3-3	30 秒
40		摆臂下蹲	1 组	5 次	※1-3-3	30 秒
37		弓步姿	2 组（左右两侧各1组）	3 次	※1-3-3	30 秒
19		仰卧姿 - 臀桥	2 组（左右两侧各1组）	5 次	※1-3-3	30 秒
16		俯卧姿 - 双手双脚撑	2 组（左右两侧各1组）	3 次	※1-3-3	30 秒
22		侧卧姿 - 单肘单脚撑	2 组（左右两侧各1组）	3 次	※1-3-3	30 秒
20		仰卧姿 - 单腿军步臀桥	1 组	2 次	※1-3-3	30 秒

※ 备注：此处练习节奏1-3-3 表示动作完成用时1秒，完成姿势后保持3秒，3秒回到起始位置，休息30秒后，再开始下一次练习。

训练计划 3：俯撑动作模式练习方案

训练目的：强化青少年俯撑动作模式，加强上肢力量、核心肌群的稳定性以及四肢的协调性。

页码	动作图片	动作名称	组数	重复次数 / 保持时间	练习节奏	间歇时间
68		平板支撑–上下支撑	2组	3次	中速	30秒
71		平板支撑–单臂侧平举	2组（左右两侧各1组）	5秒	静态保持	20秒
74		俯桥–单腿上举	2组（左右两侧各1组）	5秒	静态保持	20秒
67		平板支撑–对侧上举	2组（左右两侧各1组）	5秒	静态保持	20秒
70		平板支撑–动态前屈髋	1组	8次（左右交替完成为1次）	快速	30秒
59		俯卧撑	2组	5次	静态保持	60秒

训练计划 4：侧撑动作模式练习方案

训练目的： 强化青少年侧撑动作模式，加强上肢力量、核心肌群的稳定性以及四肢的协调性。

页码	动作图片	动作名称	组数	重复次数 / 保持时间	练习节奏	间歇时间
79		侧平板支撑-屈膝	2 组 （左右两侧 各 1 组）	10 次	静态保持	无间歇
81		侧平板支撑-并腿	2 组 （左右两侧 各 1 组）	5 次	静态保持	20 秒
82		侧平板支撑-抬腿-动态	2 组 （左右两侧 各 1 组）	5 次	中速	30 秒
86		侧桥-抬腿-动态	2 组 （左右两侧 各 1 组）	5 次	静态保持	20 秒
87		侧桥-抬腿-上腿军步屈髋	2 组 （左右两侧 各 1 组）	5 次	中速	30 秒
77		俯桥-转体	2 组 （左右两侧 各 1 组）	5 次	中速	30 秒

训练计划 5：跪撑动作模式练习方案

训练目的： 强化青少年跪撑动作模式，加强臀部和髋部力量、核心肌群的稳定性以及四肢的协调性。

页码	动作图片	动作名称	组数	重复次数 /保持时间	练习节奏	间歇时间
88		跪撑－屈膝伸髋	2 组（左右两侧各 1 组）	2 次	慢速	30 秒
89		跪撑－髋外展	2 组（左右两侧各 1 组）	5 次	慢速	30 秒
90		跪撑－肘膝触碰	2 组（左右两侧各 1 组）	5 次	慢速	30 秒

训练计划 6：下蹲动作模式练习方案

训练目的： 强化青少年下蹲动作模式，加强下肢力量、核心肌群的稳定性及四肢的协调性。

页码	动作图片	动作名称	组数	重复次数 / 保持时间	练习节奏	间歇时间
91		徒手蹲	1 组	10 次	※1-2-1	30 秒
93		徒手蹲 - 单腿	2 组 （左右两侧 各1组）	5 次	※1-2-1	20 秒
94		徒手蹲 - 双脚跳	1 组	5 次	中速	30 秒
36		分腿蹲姿	2 组 （左右两侧 各1组）	10 秒	静态保持	20 秒
97		分腿蹲 - 动态	2 组 （左右两侧 各1组）	5 次	中速	20 秒

※ 备注：此表中练习节奏1-2-1表示动作完成用时1秒，完成姿势后保持2秒，然后1秒回到起始姿势。

训练计划 7：弓步动作模式练习方案

训练目的： 强化青少年弓步动作模式，加强下肢的力量、爆发力、柔韧性和协调性。

页码	动作图片	动作名称	组数	重复次数 / 保持时间	练习节奏	间歇时间
37		弓步姿	2 组 （左右两侧 各 1 组）	10 秒	中速	20 秒
101		支点弓步蹲	2 组	3 次 （左右交替 完成为 1 次）	中速	20 秒
99		弓步-早安式	2 组 （左右两侧 各 1 组）	5 次	中速	30 秒
100		弓步跳	2 组	4 次 （左右交替 完成为 1 次）	快速	30 秒

训练计划 8：臀桥动作模式练习方案

训练目的： 强化青少年臀桥动作模式，加强大腿后侧的腘绳肌和髋部稳定性，综合提升下肢的力量、爆发力和柔韧性。

页码	动作图片	动作名称	组数	重复次数 / 保持时间	练习节奏	间歇时间
102		标准臀桥 - 静态	1 组	10 秒	静态保持	20 秒
103		标准臀桥 - 动态	2 组	10 次	中速	20 秒
104		臀桥 - 军步伸膝 - 静态	2 组 （左右两侧各 1 组）	8 秒	静态保持	20 秒
105		臀桥 - 军步伸膝 - 动态	2 组 （左右两侧各 1 组）	10 次	中速	30 秒
109		臀桥 - 抱膝式	2 组 （左右两侧各 1 组）	8 次	中速	30 秒
106		臀桥 - 军步屈髋 - 静态	2 组 （左右两侧各 1 组）	10 秒	静态保持	30 秒
107		臀桥 - 军步屈髋 - 动态	2 组 （左右两侧各 1 组）	8 次	中速	30 秒

训练计划 9：神经激活练习方案

训练目的： 提高青少年神经系统对运动的参与度，以及中枢神经的兴奋性，加强运动中枢之间的协调能力，提高身体的快速制动能力和运动效率。

页码	动作图片	动作名称	组数	重复次数 / 保持时间	练习节奏	间歇时间
112		双脚前后跳	1 组	3~8 秒	慢 - 快 - 极快 - 停	30 秒
113		双脚左右跳	1 组	3~8 秒	慢 - 快 - 极快 - 停	30 秒
115		运动姿快速转髋	2 组	3~8 秒	慢 - 快 - 极快 - 停	60 秒
116		双脚前后交替跳	1 组	3~8 秒	慢 - 快 - 极快 - 停	60 秒
114		2 英寸碎步跑	2 组	3~8 秒	慢 - 快 - 极快 - 停	60 秒

训练计划 10：军步垫步技能整合练习方案

训练目的： 通过军步走和垫步跳的形式来发展和强化青少年行进练习时的运动姿势和动作模式，特别是强化由髋、膝、踝协调发力的动作模式，可以为接下来的各种移动类动作技能训练做好准备，比如田径、球类活动等。

页码	动作图片	动作名称	组数	重复次数 / 完成距离	练习节奏	间歇时间
118		军步走 - 原地	1 组	每侧 10 次	中速	20 秒
117		军步走 - 直腿	1 组	5~10 米	中速	20 秒
121		军步走 - 纵向	1 组	8~15 米	中速	20 秒
123		军步走 - 横向	2 组 （左右两个方向各 1 组）	5~10 米	中速	20 秒
120		垫步跳 - 原地	1 组	每侧 10 次	中速	20 秒
122		垫步跳 - 纵向	1 组	8~15 米	中速	20 秒
124		垫步跳 - 横向	2 组 （左右两个方向各 1 组）	5~10 米	中速	20 秒

训练计划 11：行进蹦跳热身练习方案

训练目的： 通过热身式的蹦跳动作练习，激活青少年肌肉中的本体感受器，强化下肢关节的运动姿势和动作模式变化，提升肌肉温度，降低肌肉黏性，发展下肢脚步动作的协调性，从而为接下来的各类高强度的跳跃、变向和冲刺类训练做好更充分的热身准备。

页码	动作图片	动作名称	组数	重复次数 / 完成距离	练习节奏	间歇时间
125		对侧前后手碰脚	2 组	8~10 米	快速	无间歇
126		屈髋外展跳	2 组	8~10 米	快速	无间歇
127		垫步直腿跳	2 组	8~10 米	快速	无间歇
128		振臂跳	2 组	8~10 米	快速	无间歇
130		对侧肘碰膝垫步跳	2 组	8~10 米	快速	无间歇

训练计划 12：腹肌复合练习方案

训练目的： 腹肌练习是发展身体核心力量、核心耐力、核心爆发力的必要手段，也是提升核心稳定性的基础方法。在《国家学生体质健康标准》中初高中也有"1分钟仰卧起坐"这样的标准测试，这项练习方案可以让青少年更轻松、更高质量地达到相应标准，并有效提升腹肌练习水平。

页码	动作图片	动作名称	组数	重复次数 /保持时间	练习节奏	间歇时间
134		仰卧起坐	2 组	15 次	中速	20 秒
135		腹肌大全1式–仰卧双肘碰膝	1 组	10 次	中速	20 秒
136		腹肌大全2式–仰卧转腹–对侧肘碰膝	1 组	左右各8 次	中速	20 秒
137		腹肌大全3式–仰卧直膝抬腿	1 组	10 次	中速	20 秒
142		腹肌大全7式–仰卧手摸对侧脚尖	1 组	左右各8 次	中速	20 秒
143		腹肌大全8式–仰卧倒踩俄罗斯单车	1 组	20 次	中速	20 秒
144		腹肌大全9式–仰卧屈髋双手抱腿	1 组	10 次	中速	20 秒
146		仰卧腹肌–三方向抗阻直抬腿	2 组	10 次（三个方向）	中速	30 秒

训练计划 13：腰背肌复合练习方案

训练目的： 腰背肌练习可以发展身体的核心力量、核心耐力和核心爆发力，同时加强身体的核心稳定性，提升能量由四肢在躯干中的传递效率，帮助青少年塑造挺拔的身体姿态。

页码	动作图片	动作名称	组数	重复次数 / 保持时间	练习节奏	间歇时间
155		超人式	2 组	10 秒	静态保持	30 秒
149		俯卧－抬起上身－双臂举起	1 组	8 次	中速	20 秒
150		俯卧－抬起上身－手脚抬起	1 组	左右各8 次	中速	20 秒
151		俯卧模拟游泳姿（蛙泳）	1 组	8 次	快速	20 秒
152		俯卧模拟游泳姿（自由泳）	1 组	左右各8 次	快速	30 秒
153		俯卧－下肢抬起内收外展转动	1 组	8 次	中速	30 秒
154		俯卧－双腿抬起	1 组	8 次	中速	30 秒

训练计划 14：臀肌复合练习方案

训练目的： 臀肌练习可以发展身体的下肢力量和耐力，同时加强身体的核心稳定性，提升下肢动力链能量传递效率，预防下肢运动损伤。

页码	动作图片	动作名称	组数	重复次数 / 保持时间	练习节奏	间歇时间
157		臀肌大全-1 式	2 组 （左右两侧 各 1 组）	5 次	中速	20 秒
158		臀肌大全-2 式	2 组 （左右两侧 各 1 组）	5 次	中速	20 秒
159		臀肌大全-3 式	2 组 （左右两侧 各 1 组）	5 次	中速	20 秒
160		臀肌大全-4 式	2 组 （左右两侧 各 1 组）	5 次	中速	20 秒
161		臀肌大全-5 式	2 组 （左右两侧 各 1 组）	5 次	中速	20 秒
162		臀肌大全-6 式	2 组 （左右两侧 各 1 组）	5 次	中速	30 秒
163		臀肌大全-7 式	2 组 （左右两侧 各 1 组）	5 次	中速	30 秒
164		臀肌大全-8 式	2 组 （左右两侧 各 1 组）	5 次	中速	30 秒

训练计划 15：爬行练习方案

训练目的： 爬行练习是一种非常适合青少年的全身性的训练方法，可以提升整个身体的协调性、肌肉力量、肌肉耐力和柔韧性，同时该练习也是一种有氧耐力型练习，可以在高强度训练前作为热身活动安排在训练计划中。

页码	动作图片	动作名称	组数	重复次数 / 完成距离	练习节奏	间歇时间
169		婴儿爬行－纵向	1 组	5~8 米	中速	20 秒
170		熊爬－纵向	1 组	5~8 米	中速	20 秒
175		螃蟹爬行－纵向	1 组	5~8 米	中速	20 秒
176		螃蟹爬行－横向	2 组（左右两侧各1 组）	3~5 米	中速	20 秒
177		大猩猩爬行－纵向	1 组	5~8 米	中速	20 秒
183		木板爬行－纵向	1 组	5~8 米	中速	30 秒
184		木板爬行－横向	2 组（左右两侧各1 组）	3~5 米	中速	30 秒
179		军人爬行－纵向	1 组	5~8 米	中速	30 秒

训练计划 16：徒手有氧间歇练习方案

训练目的： 通过简单的徒手动作组合训练，提升青少年的间歇性心肺耐力，加强机体的综合有氧运动水平。

页码	动作图片	动作名称	组数	重复次数 / 保持时间	练习节奏	间歇时间
185		开合跳	2 组	20 秒	中速	10 秒
186		十字向心跳	1 组	20 次	中速	10 秒
188		波比	1 组	10 次	快速	无间歇
			间歇休息 1 分钟			
185		开合跳	1 组	20 次	快速	20 秒
188		波比	2 组	15 次	快速	30 秒
			间歇休息 2 分钟			
185		开合跳	1 组	20 次	快速	30 秒
188		波比	2 组	20 次	快速	60 秒

训练计划 17：动作模式强化练习方案

训练目的： 强化青少年的基本运动姿、下蹲、侧撑、俯撑、臀桥、跪撑等动作模式，增加肌肉的本体感受记忆，掌握基础动作模式的正确发力。

页码	动作图片	动作名称	组数	重复次数 / 保持时间	练习节奏	间歇时间
38		双腿运动姿（快速转换）	2 组	5 次	快速	10 秒
40		摆臂下蹲	1 组	8 次	快速	10 秒
91		徒手蹲	2 组	8 次	中速	20 秒
95		徒手蹲 - 相扑式	1 组	8 次	中速	20 秒
165		俯桥	1 组	30 秒	静态保持	20 秒
81		侧平板支撑 - 并腿	2 组 （左右两侧各 1 组）	15 秒	静态保持	20 秒
19		仰卧姿 - 臀桥	1 组	30 秒	静态保持	20 秒
90		跪撑 - 肘膝触碰	1 组	5 次 （左右交替完成为 1 次	慢速	20 秒

训练计划 18：青少年综合体质提升练习方案

训练目的： 针对上肢、下肢和全身各个部位进行训练，提升青少年的力量、爆发力和心肺耐力，整体增强身体素质。

页码	动作图片	动作名称	组数	重复次数 / 保持时间	练习节奏	间歇时间
174		桌式爬行	2 组	5 次	有控制、中速	20 秒
179		军人爬行	2 组	5 次	有控制、中速	20 秒
60		跪姿俯卧撑	2 组	5 次	有控制、中速	20 秒
59		俯卧撑	2 组	5 次	有控制、中速	20 秒
94		徒手蹲–双脚跳	2 组	5 次	有控制、中速	20 秒
97		分腿蹲–动态	2 组（左右两侧各1组）	5 次	有控制、中速	30 秒
185		开合跳	2 组	5 次	有控制、中速	30 秒
188		波比	2 组	5 次	有控制、中速	30 秒

参考文献

[1] 王雄，沈兆喆．身体功能训练动作手册 [M]．北京：人民体育出版社，2014．

[2] Istvan Balyi, Richard Way, Colin Higgs. Long-Term Athlete Development [M]. Champaign, IL: Human Kinetics, 2013.

[3] Stephen J. Virgilio. Fitness Education for Children: A Team Approach [M]. Champaign, IL: Human Kinetics, 2012.

[4] Frances Cleland Donnelly, Suzanne S. Muller, David L. Gallahue. Developmental Physical Education for All Children: Theory into Practice (Fifth Edition) [M]. Champaign, IL: Human Kinetics, 2017.

[5] Shirley Holt, Hale Tina Hall. Lesson Planning for Elementary Physical Education: Meeting the National Standards & Grade-Level Outcomes [M]. Champaign, IL: Human Kinetics, 2016.

[6] Robert J. Doan, Lynn Couturier MacDonald, Stevie Chepko. Lesson Planning for Middle School Physical Education: Meeting the National Standards & Grade-Level Outcomes [M]. Champaign, IL: Human Kinetics, 2017.

[7] SHAPE America-Society of Health and Physical Educators. National Standards & Grade-Level Outcomes fork-12 physical education. Champaign, IL: Human Kinetics, 2014.

[8] Christine Galvan. Achieve Physical Education Curriculum (Sixth Edition). Gopher Sport, 2017.

[9] Ericsson, K. The influence of experience and deliberate practice on the development of superior performance., The Cambridge handbook of expertise and expert performance. Cambridge, UK: Cambridge University Press, 2006.

[10] Haibach, P. S., Reid, G., & Collier, D. J. Motor learning and development. Champaign, IL: Human Kinetics, 2011.

[11] Mitchell, S., Oslin, J., & Griffin, L. Teaching sport concepts and skills: A tactical games approach. Champaign, IL: Human Kinetics, 2006.

[12] A. Vonnie Colvin, EdD, Nancy J. Egner Markos, Med, Earlysville, Virginia. Teaching Fundamental Motor Skills (Third Edition). Champaign, IL: Human Kinetics, 2016.

[13] John Byl.101 Fun Warm-up and Cool-down games. Champaign, IL: Human Kinetics, 2014.

[14] 拉里·格林，鲁斯·佩特．青少年长跑训练：第3版 [M]．沈兆喆，王雄译．北京：人民邮电出版社，2016．

[15] 罗宾·S.维莱，梅利莎·A.蔡斯．青少年体育运动指导与实践 [M]．徐建方，王雄译．北京：人民邮电出版社，2017．

[16] 斯蒂芬·J.维尔吉利奥．儿童身体素质提升指导与实践：第2版 [M]．王雄译．北京：人民邮电出版社，2017．

[17] 威廉·J.克雷默，史蒂文·J.弗莱克．青少年运动员力量训练：第2版 [M]．王雄，徐建方译．北京：人民邮电出版社，2018．

[18] 艾弗里·D.费根鲍姆，韦恩·L.威斯克．青少年力量训练：针对身体素质、健身和运动专项的动作练习和方案设计 [M]．王雄，徐建方译．北京：人民邮电出版社，2018．